Cornelia Rosebrock · Daniel Scherf

Lesedidaktik? Literaturdidaktik?

Ein Dutzend Antworten für Einsteiger

3. unveränderte Auflage

Schneider Verlag Hohengehren GmbH

wbv

wbv Media GmbH & Co. KG

Umschlag: Dr. Claus-Volker Klenke / Verlag

Gedruckt auf umweltfreundlichem Papier (chlor- und säurefrei hergestellt).

Bibliografische Information der Deutschen Nationalbibliothek

Die Deutsche Nationalbibliothek verzeichnet diese Publikation in der Deutschen Nationalbibliografie; detaillierte bibliografische Daten sind im Internet über ›http://dnb.dnb.de‹ abrufbar.

ISBN 978-3-8340-1985-1

Schneider Verlag Hohengehren, Wilhelmstr. 13, 73666 Baltmannsweiler

Homepage: www.paedagogik.de

wbv Media GmbH & Co. KG
Auf dem Esch 4, 33619 Bielefeld
service@wbv.de

Printed in Germany – Format Druck GmbH, Stuttgart

Inhalt

Einladung

Sie studieren Lehramt, Fach Deutsch? Sie unterrichten gerade die ersten Stunden, als ReferendarIn oder QuereinsteigerIn? Willkommen in einem großartigen Beruf!

DeutschlehrerIn zu werden heißt auch, Lese- und LiteraturlehrerIn zu werden: Sie werden Kinder und Jugendliche in ihrer Leseentwicklung begleiten und ihre Zugänge zum literarischen Lesen aufgreifen, weiterentwickeln und über Krisen hinweg stabilisieren. Sie werden das Lesen von Erzählungen, Gedichten und Rollentexten im Unterricht inszenieren und für Ihre SchülerInnen als einen eigenen Modus des In-der-Welt-Seins und Welt-Erfahrens entfalten. Sie werden Möglichkeiten aufzeigen, diesen Modus zu leben und wertzuschätzen, weit über den Unterricht hinaus.

Für diese Aufgabe sollten Sie natürlich viel Literatur kennen und viel von Literatur verstehen – das bringen die literaturwissenschaftlichen Anteile Ihres Studiums auf den Weg, Ihre persönliche Begeisterung für Literatur können Sie in Studium und Beruf genussvoll vertiefen. Sie sollten aber auch Vorstellungen davon entwickeln, wie man passende literarische Texte für Kinder und Jugendliche auswählen kann. Sie sollten sie zu einem Unterrichtsgegenstand modellieren können. Sie sollten literarische Texte einerseits als fachlichen Gegenstand, andererseits durch die Augen Ihrer Schülerinnen und Schüler als Erfahrungspotential wahrnehmen können, um verschiedene Zugangswege zum Text für unterschiedlich erfahrene LeserInnen entwickeln zu können. Kurzum: Sie müssen lese- und literaturdidaktisches Wissen erwerben und anwenden lernen – denn das braucht es, um die Leseentwicklung von SchülerInnen zu unterstützen und literarisches Lernen zu ermöglichen.

Vermutlich ist Ihnen die didaktische Perspektive auf Literatur und Lesen bisher eher fremd. Didaktik ist schließlich kein Schulfach. Fachdidaktiken sind wissenschaftliche Disziplinen mit einer Anwendungsorientierung auf die Bildungsinstitutionen; Gegenstand der Lese- und Literaturdidaktik sind entsprechend schulische Vermittlungs- und Aneignungssituationen rund um die Kulturtechnik Lesen und um literarische Texte.

Das vorliegende Buch greift ein Dutzend grundsätzlicher Fragen auf, die AnfängerInnen an die Literatur- und Lesedidaktik stellen könnten, und versucht, sie knapp, zugänglich und doch ausreichend differenziert zu beantworten. Es hätten auch zehn Mal so viele Fragen sein können ... Wir mussten beim Schreiben Mut zur Lücke fassen und uns auf die u. E. elementaren Fragestellungen der Disziplin konzentrieren. Denn die präsentierten Antworten sollen Ihnen ermöglichen, *Basiswissen* zu erwerben, auf dem sich aufbauen lässt.

Wir beginnen mit dem *Literalitätsbegriff* (→ 1), der das übergeordnete Ziel des Deutschunterrichts beschreibt. Lese- und Literaturdidaktik ist nur ein Teil der Fachdidaktik Deutsch: Das Schreiben von Texten, die Rechtschreibung und Grammatik fallen an den Hochschulen in die Domäne der Sprachdidaktik und spielen in diesem Buch deshalb nur am Rande eine Rolle. Die Bestimmung der *Aufgaben der Lese- und Literaturdidaktik* (→ 2) ist insofern Thema der zweiten Frage. Anschließend geht es um die Fähigkeitskomponenten, die *Lesekompetenz* (→ 3) ausmachen: Sie lässt sich in Teilfähigkeiten aufgliedern, die in der Antwort auf die dritte Frage entfaltet werden. Nach dieser systematischen Perspektive werden Instanzen und Faktoren der *Lesesozialisation* zum Thema, nämlich die Bedingungen der Aneignung von Lese- und Literaturkompetenzen im Verlauf des Heranwachsens (→ 4). Den zentralen Status der Lesesozialisationsforschung für die Literaturdidaktik kann man nicht genug betonen; denn sie beschreibt, wie Heranwachsende sich notwendige literale Fähigkeiten und Bedürfnisse aneignen und welche bedeutende Rolle Familie und Schule dabei einnehmen. Verfahren zur *Förderung von Lesekompetenzen* (→ 5) und die Diskussion um die Bedeutung von *Lesemotivation* und literarisch orientierter Leseanimationen (→ 6) bestimmen die beiden folgenden Kapitel.

Den Unterrichtsgegenständen wenden sich die folgenden Fragen zu: Welche Merkmale zeigen diejenigen *Texte* (→ 7), die in den Lese- und Literaturunterricht Eingang finden sollten? Wir bleiben anschließend bei der Gegenstandsseite, indem wir einen unterrichtspraktisch brauchbaren *Begriff des literarischen Lesens* (→ 8) entfalten. Auf dieser Basis können in der folgenden Frage die *Ziele des Literaturunterrichts* (→ 9) ausdifferenziert und diskutiert werden, wobei *Kinder- und Jugendliteratur* (→ 10) in ihrer Bedeutung für die literarische Enkulturation und den Literaturunterricht ein eigenes Kapitel bekommt.

Die beiden letzten Fragen widmen sich literaturdidaktischen Konzepten: *Gespräche* (→ 11), meist im Klassenverband, machen einen erheblichen Teil des Unterrichts aus – ein guter Grund, um verschiedene Gesprächstypen eingehender zu betrachten. Mit der letzten Frage nehmen wir wieder etwas Abstand und präsentieren drei *Konzepte von Literaturunterricht* (→ 12), die sich in der noch jungen Geschichte der Literaturdidaktik herausgebildet haben und den Lese- und Literaturunterricht grundieren.

Was fehlt? Wir haben keine eigenen Kapitel zum „Mehrsprachigen Klassenzimmer" oder zu „Inklusion", und auch zum Thema „neue Medien" gibt es keines. Die mehrsprachige wie auch in anderer Hinsicht heterogene Zusammensetzung von Schulklassen ist jeweils mitbedacht. Ebenso spielen die nicht mehr ganz so neuen Medien wie z. B. der Film in den 12 Antworten immer wieder eine Rolle. Aber das Lesen und Schreiben verändert sich im Netzgetümmel; Texte im Netz sind tendenziell grenzenlos, von riesiger Vielfalt und frei kombinierbar. Das verändert die Leseakte, wie man inzwischen weiß: Die Rezeption von Textstücken im Netz beschleunigt sich, sie ist stärker auf die Suche nach Schlüsselwörtern fokussiert, um effektiv Informationen und den nächsten Link zu finden. In Büchern liegen Informationen dagegen verdichtet und geordnet vor, Bücher haben einen Anfang und ein Ende, ein Ordnungs- und Sinnversprechen. Nicht zuletzt deswegen erscheinen die Printmedien, selbst wenn sie elektronisch auftreten, nach wie vor als zentral für gezielte Wissensaneignung und auch für Literaturerfahrung – das spricht aber nicht gegen Songtexte, Videos oder Netzrecherchen im Lese- und Literaturunterricht.

Über ein eigenes Kapitel zu Aufgaben haben wir lange nachgedacht: Unterricht ist schließlich, wo Aufgaben gestellt werden, und gute Aufgaben zu literarischen Texten zu entwickeln ist eine Herausforderung selbst für gestandene Lehrpersonen. Wir meinen aber: Für den Einstieg greift das schon weit. Uns geht es ja darum, Basiswissen anzubieten; alles also zu seiner Zeit. Das Thema haben wir, wie auch die Geschichte der Literatur- und Lesevermittlung oder die Besonderheiten bestimmter literarischer Genres, daher nur gestreift.

Knappe, strukturierte und lesbare Antworten zu wenigen grundsätzlichen Fragestellungen der Disziplin zu präsentieren, sodass diese für EinsteigerInnen begreifbar wird – das war unser Ziel. Wir hoffen, zumindest in seine Nähe gekommen zu sein.

1 · Warum wird das Lesen für so wichtig gehalten?

Wenn man DeutschlehrerInnen danach fragt, was sie mit ihrem Unterricht erreichen möchten, dann antworten sie oft, dass sie ihre SchülerInnen „zum Lesen bringen“ wollen – wobei sich dieses Ziel meist auf Literatur bezieht. Auch in der öffentlichen Diskussion um unser Bildungssystem stellt das „Lesen Lernen“ eine zentrale Größe dar. Warum wird dem Lesen im Allgemeinen und dem Literaturlesen im Speziellen eine so große Bedeutung im Gesamt der Bildungslaufbahn zugemessen? Diese Frage soll einleitend erörtert werden. Die Lese- und Literaturdidaktik ist schließlich eine Disziplin, die ihr Dasein dem Umstand verdankt, dass schulisch (Literatur) Lesen gelehrt und gelernt werden muss (→ 2).

Teilhabe an der literalen Gesellschaft

Moderne Gesellschaften sind literale Gesellschaften. Das bedeutet, dass ihr gesellschaftliches Leben wesentlich durch schriftliche Kommunikation bestimmt ist. Ihre Mitglieder müssen, um am Zusammenleben teilhaben zu können, über Schreib- und Lesefähigkeiten verfügen (vgl. Feilke

2014). Texte ganz unterschiedlicher Art – auch: Formulare, Grafiken, Hypertexte usw. – müssen sie verstehen und auf sie schriftsprachlich reagieren können.

Literalität ist einerseits ein Fähigkeitsbündel, das sich als Kompetenz von Individuen fassen lässt. Indem Sie dieses Buch lesen, zeigen Sie z. B. die Kompetenz, ein Lehrbuch zu rezipieren. Und wenn Sie sich Notizen dazu machen, zeigen Sie darüber hinaus, dass Sie schriftliche Texte produzieren können und über geeignete Strategien verfügen sich Wissen anzueignen (→ 5). Literalität ist andererseits auch ein elementares Merkmal des sozialen Lebens in modernen Gesellschaften. Bereits seit den 1960er Jahren hat sich dafür der Begriff der „Wissensgesellschaft" durchgesetzt. Damit ist benannt, dass heute weit mehr Menschen Zugang zu weit mehr Wissen haben und auch haben müssen, als es in frühen Zeiten der Fall war. Auch aktuell, in der medialisierten Lebenswelt, wird Wissen im Wesentlichen in schriftlichen Texten gespeichert. Gelesen werden sie u. a., um dieses Wissen abzurufen. Auch alltäglich benötigte Information liegt häufig schriftlich gespeichert vor. Auskunft erhalten sie, wenn nötig, entsprechend häufig lesend, z. B., wenn Sie wissen möchten, wann der nächste Bus fährt und im Smartphone danach suchen. Einer amerikanischen Studie von 2010 zufolge (vgl. Philipp 2015, 11) liest ein Erwachsener im Durchschnitt 272 Minuten täglich – das sind viereinhalb Stunden!

Zweifellos führte die Digitalisierung seit den 1990er Jahren noch einmal zu einem Schub in die gesellschaftlichen Anforderungen an die literalen Kompetenzen ihrer Mitglieder. Sie führt nicht nur zu neuen Textformen, sondern auch zu neuen Modalitäten des Lesens und Schreibens, auch des Zuhörens und Sprechens, schließlich: des Denkens und der Art und Weise des Daseins. Denn Literalität in einer digital kommunizierenden Gesellschaft ist anders konstituiert als in den Zeiten der Vorherrschaft von Büchern, Briefen und Telefonaten. Welche neuen Lese- und Schreibkompetenzen fordert dieser Wandel? Wir stecken mitten drin und können das schwerlich definieren. Sicher ist: Die Vorstellungen vom „Ende der Gutenberggalaxis", von der zunehmenden Entbehrlichkeit schriftlicher Kommunikation und Wissensarchivierung, wie sie im ausgehenden 20. Jahrhundert kursierten, lagen gründlich daneben. Lesen und schreiben Können ist mit der Digitalisierung für die gesellschaftliche Teilhabe wichtiger denn je.

Was macht schriftliche Texte, ob nun auf Papier oder dem Bildschirm, ob als Folge von Wörtern oder als logische Bilder, prototypisch aus? Anders als bei der Produktion mündlicher Texte, also beim Sprechen, bei dem man – sofern man sich gegenübersteht – auf verbale Elemente und nonverbale Elemente (z. B. mimische und gestische Zeichen) zurückgreifen kann, beschränkt sich die schriftliche Sprachproduktion auf graphische Elemente. Das sind – zumindest im traditionellen Sinn – nicht allzu viele: Es handelt sich im Wesentlichen um Buchstaben und Satzzeichen (Ziffern und einige Icons, z. B. Emoticons, kommen noch dazu). Schriftliche Texte sind in der Regel monologisch verfasst. Sprechen ist dagegen in der Regel dialogisch, es sei denn, es handelt sich z. B. um einen Vortrag, der schriftlich vorbereitet ist und entsprechende Merkmale der Schriftlichkeit enthält. Das hat Folgen für die Art und Weise der Kommunikation, die bei schriftlichen Texten *zeichenvermittelt* statt unmittelbar stattfindet. Anders als im Gespräch werden schriftliche Texte in der Regel geplant und strukturiert. Weil die Rezeption eines vom Produzenten verfassten Textes durch einen Adressaten in der Regel sowohl zeitverzögert als auch an einem anderen Ort stattfindet, hat man schließlich kaum die Möglichkeit, noch schnell etwas zu ergänzen oder nachträglich zu erklären, was bei einem Zwiegespräch gar kein Problem darstellte. Auch deshalb sind schriftliche Texte meist prägnanter als mündliche, und sie sind so konstruiert, dass sie kontextunabhängig verstanden werden können – was bedeutet, dass sie all das enthalten sollten, was man für ihr Verstehen über allgemeines Weltwissen hinaus braucht. Schriftsprachliche Texte sind u. a. aufgrund des skizzierten Anspruchs an Explizitheit grammatisch komplexer strukturiert als mündlich getätigte Äußerungen; es müssen ja sowohl mehr Informationen expliziert werden als in der mündlichen Kommunikation als auch deren Bezug aufeinander sprachlich hergestellt werden.

Betrachtet man nun Texte wie einen Chat zwischen Freunden via Messenger-Dienst im Gegensatz zu einer geplanten Rede (bspw. auf einer Hochzeit), dann wird deutlich, dass die genannten Elemente von schriftsprachlicher Kommunikation nicht zwingend an das *Medium* schriftlicher Text gebunden sind: Ein Chat liegt zwar schriftlich vor; die in ihm getätigten Äußerungen sind aber meist spontan und unstrukturiert, darüber hinaus enthalten sie oft ikonische Elementen (Smileys, Sticker etc.). Eine vorbereitete Rede ist im Normalfall dagegen durchdacht und möglichst prägnant formuliert. *Konzeptionell* entspricht die Rede damit der Struktur schriftsprachlicher Texte, obwohl sie *medial* mündlich präsentiert wird (vgl. Koch/Oesterreicher 1985). Schriftlichkeit kann in medialer und/oder konzeptioneller Form erscheinen; Mündlichkeit auch.

	konzeptionell mündlich	**konzeptionell schriftlich**
medial mündlich	Gespräch unter Freunden	Predigt, Hochzeitsrede
medial schriftlich	WhatsApp-Chat	… dieses Buch!

Literalität im Deutschen zu entwickeln und auszuprägen ist die Aufgabe des Schulfachs Deutsch. Denn nicht nur die Speicherung, auch die Vermittlung von Wissen verläuft über schriftliche Texte und damit auf der Basis konzeptioneller Schriftlichkeit. Auch mündliche Aussagen mit Bildungsanspruch – in der Schule, in der Universität – sind in der Tendenz an schriftsprachlichen Strukturen orientiert. Entsprechend nimmt die konzeptionell schriftsprachliche Verfasstheit von SchülerInnen-Äußerungen im Laufe der Schulkarriere zu (vgl. Kleinschmidt/Pohl 2017). Die Diskussion um *Bildungssprache*, die derzeit in den Didaktiken und Bildungswissenschaften geführt wird (vgl. ordnend z. B. Stahns 2016), betrifft auch die Frage, in welchem Ausmaß SchülerInnen konzeptionell schriftsprachliche Texte produzieren und rezipieren können sollen. Von Bildungssprache spricht man im Wesentlichen im Hinblick auf zwei ihrer Merkmale: Einmal sind das Aspekte des sprachlichen Ausdrucks, insbesondere eine komplexe Syntax, nicht-alltägliches Vokabular und eine komplexe Rhetorik (was in gewisser Weise mit der Idee konzeptioneller Schriftsprachlichkeit zusammenfällt). Zum anderen sind es Aspekte von Fachlichkeit: Eher knifflige Inhalte wie Algebra, Geschichtsschreibungen oder Verfahren der Literaturanalyse werden aufgrund ihrer Vielschichtigkeit und/oder Abstraktheit bildungssprachlich verhandelt, unabhängig davon, ob sie in (Schulbuch-)Texten geschrieben daherkommen oder Unterrichtsgespräche bestimmen.

Insgesamt wurde deutlich: Literale Fähigkeiten zu erwerben geht über das Erlernen des Lesens und Schreibens weit hinaus. Sich mündlich im Rahmen konzeptioneller Schriftsprachlichkeit zu bewegen oder aber bildungssprachlich formulierte Texte schreiben zu können – beides überschreitet bei Weitem die Fähigkeiten, Wörter zu entziffern oder mit Stift oder Tastatur Sätze aufschreiben zu können. Denn der Eintritt in die Schriftsprachlichkeit betrifft auch das Denken. „Sprache ist das Haus des Seins", heißt es – mit dem Übergang von Oralität in Literalität wird dieses Haus gewissermaßen erweitert und neu eingerichtet. Orales Denken ist beispielsweise eher situativ als abstrakt, es ist eher additiv als analytisch-kategorial und es ist nah an und bezogen auf die unmittelbare Lebenswelt. Oft wird auch von einer „Sprache der Nähe" und entsprechend einer „Sprache der Distanz" gesprochen. Solche Differenzen zwischen Oralität und Literalität sind in zivilisationstheoretischer Perspektive untersucht worden: Der Gebrauch von Schrift bedeutet in der Geschichte der Menschheit eben nicht bloß ein technisches Hilfsmittel, sondern strukturiert die sozialen und kulturellen Muster des Denkens, Sprechens und Zusammenlebens grundlegend (vgl. z. B. Ong 2016). Der Übergang von Oralität in Literalität vollzieht sich auch auf individueller Ebene, wenn die Nachwachsenden mit konzeptioneller Schriftlichkeit in Kontakt kommen und wenn sie dann mit dem Schuleintritt und die ganze Bildungskarriere hindurch das Lesen und Schreiben lernen. Literal kompetent zu werden, um am kulturellen und ökonomischen Leben teilhaben zu können, reicht entsprechend tief in unser Denken und Wahrnehmen hinein: „Literale Kompetenzen, das sind die sozialen, emotionalen, kognitiven und sprachlichen Fähigkeiten, die zur Kommunikation mit Texten gebraucht werden. Literalität [ist] mehr als die bloße Möglichkeit, sich schriftlich mitzuteilen. Sie schließt ein verändertes Verhältnis der Menschen zur Sprache, zu sich selbst und zur Gesellschaft ein" (Feilke 2011, 5). Die Vermittlung literaler Kompetenzen geht mit der Einführung in schriftsprachlich geprägtes Denken und Wahrnehmen, in schriftsprachlich orientiertes Hören und Sprechen einher – also mit einer Art „sekundären Literalisierung" (Pohl 2006).

Indem sich die Schule mit erheblichem Aufwand an Ressourcen der Befähigung des Einzelnen zur Teilhabe an der literalen Gesellschaft widmet, erfüllt sie ihren eigentlichen Auftrag, wie er ihr vom Staat zugesprochen wird: Schule hat die Aufgabe, Allgemeinbildung zu vermitteln und die Persönlichkeitsentwicklung des/der Einzelnen zu ermöglichen. Sie soll zum einen die Entfaltung des Individuums unterstützen, zum anderen aber auch seine gesellschaftliche Integration bewirken. Verankert ist dieser Auftrag in Deutschland einerseits im Grundgesetz, andererseits in den schulischen Bildungs- und Erziehungsaufträgen, die sich in den einzelnen Länderverfassungen befinden. Dafür habe die Schule, so der Bildungsrechtler Rux, eben grundlegende Kulturtechniken zu vermitteln. Zweitens habe die Schule solche Kenntnisse und Fertigkeiten anzulegen, die Heranwachsende „für ihren weiteren Berufs- und Ausbildungsweg benötigen" (Rux 2002, 432), und nicht zuletzt habe sie den Auftrag zur politischen Bildung. Damit sollen die Heranwachsenden „in die Lage versetzt [werden], die Gegenstände der Abstimmungen und die Programme der angetretenen Kandidaten und Parteien zu beurteilen oder sich auf andere Weise an der politischen Willensbildung zu beteiligen" (ebd.). Die hier skizzierten schulisch zu vermittelnden, auf Schrift bezogenen Kenntnisse und Fähigkeiten benötigen Heranwachsende unabdingbar für ihren weiteren Berufs- und Ausbildungsweg, und sie brauchen sie auch, um sich an politischen Prozessen beteiligen zu können. Ihren Erwerb zu ermöglichen und zu unterstützen, bedeutet folglich, den staatlichen Bildungsauftrag zu erfüllen.

Kurzum: Wenn also in der öffentlichen Diskussion um die Qualität der schulischen Bildung allzu oft über mangelnde Lesefähigkeiten der nachwachsenden Generation gesprochen wird, geht es um mehr als um die Beherrschung des Alphabets beim Lesen und Schreiben. „Lesenkönnen" umfasst die Fähigkeit, Texte zu gebrauchen und aus ihnen lernen zu können. Deshalb ist es im Hinblick auf die beruflichen und lebensweltlichen Ansprüche der modernen Gesellschaft hoch bedeutend. Die Bedeutung von schriftsprachlichen Fähigkeiten findet insofern keine übertriebene, vielmehr eine angemessene Berücksichtigung in Diskussionen um die Qualität schulischer Bildung – jedenfalls dann, wenn man das „Lesen" im weiteren Sinn begreift, nämlich als Synonym für literale Handlungen.

Die schulische Auseinandersetzung mit literarischen Texten

Dem Lesen literarischer Texte wird in dieser Diskussion eine besondere Rolle zugewiesen. Die Auseinandersetzung mit literarischen Texten dient nicht in erster Linie dem Wissenserwerb. Anhand des Romans „Das Parfüm" von Patrick Süskind kann man sich zwar über die Techniken der Parfümherstellung im 18. Jahrhundert informieren. Gelesen wird dieser Roman allerdings wohl eher aus anderen Gründen – z. B. um sich von der erzählten Geschichte unterhalten und faszinieren zu lassen oder die beeindruckenden Schilderungen vom Leben (und den Gerüchen) im Paris des 18. Jahrhunderts zu erfahren oder um der Bedeutung des Riechens in der eigenen Erfahrung nachzuspüren. Literatur zu lesen ermöglicht ästhetischen Genuss – der, geht man vom humanistischen Bildungsgedanken aus, für die Menschwerdung unabdingbar ist. Vereinfacht gesagt, verlangt in dieser idealistischen Denktradition die Entwicklung hin zum humanen, vernünftigen Handeln vom Individuum die sinnliche Erfahrung (schöner) Kunst: „[E]s gibt keinen anderen Weg, den sinnlichen Menschen vernünftig zu machen, als dass man denselben zuvor ästhetisch macht" (Schillers 23. Brief über die ästhetische Erziehung des Menschen).

In der Literaturdidaktik ist dieser Gedanke durchaus lebendig, wenn auch nicht in der Überhöhung, die Schiller im Zitat geltend macht. Literaturlesen eröffnet einen Möglichkeitsraum, in dem wohl auch Informationen vermittelt, aber in erster Linie soziale, psychische und ästhetische Erfahrungen gemacht werden – deshalb wird Literatur gelesen. Indem LeserInnen in literarischen Werken Figuren und deren In-der-Welt-Sein als eigene Erfahrung wahrnehmen, bringt die Lektüre sie auch mit Aspekten ihrer selbst in Kontakt. Wird Literatur in bzw. für die Schule gelesen, rücken diese Erfahrungen in den Unterricht und es entsteht das Bedürfnis, sie miteinander zu verhandeln. Literatur wird so zum Gegenstand sozialen Austauschs, sie kann eine Gruppe sogar ausmachen – dies war z. B. vor einigen Jahren der Fall, als sich in der Schule auf einmal „Potter-Pausen-Gruppen" versammelten, bestehend aus SchülerInnen, die ihre Potter-Bücher mitbrachten und sich gegenseitig mit ihrer Begeisterung für Hogwarts und dessen BewohnerInnen ansteckten.

Die Begegnung mit literarischen Texten im Rahmen des Deutschunterrichts greift in die Identitätsentwicklung ein, indem man sich mit ästhetischen Weltzugängen auseinandersetzt, sie betrifft die sozialen Beziehungen, indem man sich mit anderen über bzw. mit Literatur trifft, und sie ermöglicht kulturelle Zugehörigkeit, indem sie Weisen des In-der-Welt-Seins formuliert und zugänglich macht. Die Individuation, die Sozialisation und die Enkulturation Heranwachsender mit und durch Literatur zu unterstützen ist entsprechend die übergeordnete Aufgabe des Literaturunterrichts (vgl. Abraham/Kepser 2016).

Wir fassen zusammen:

Im Deutschunterricht geht es, abstrakt formuliert, grundsätzlich um Literalität. Das meint in erster Linie das Lesen und Schreiben auch anspruchsvoller Texte, im weiteren Sinn auch das Hören und Sprechen und schließlich das Wahrnehmen und Gestalten im Rahmen von Schriftsprachlichkeit. Literale Kompetenzen zu erwerben bedeutet, auch bezüglich der eigenen Denk- und Wahrnehmungsweisen geschult und dadurch in der Wissensgesellschaft handlungsfähig zu werden. Nicht zuletzt trägt die Auseinandersetzung mit Literatur zur Persönlichkeitsentwicklung, zur Enkulturation und zum gesellschaftlichen Zusammenhalt maßgeblich bei. Damit erfüllt der Deutschunterricht den schulischen Bildungsauftrag.

Die Frage, warum das Lesen (-Können) eine so herausgehobene Stellung in Diskussionen um unser Bildungssystem spielt, ist damit beantwortet – zumindest dann, wenn man „Lesen lernen“ als vereinfachenden Ausdruck sowohl für den Erwerb literaler Kompetenzen im Allgemeinen als auch Literaturlesen im Speziellen versteht.

Welche Anforderungen stellt das an die Lehrperson? Welches Wissen, welches Können braucht sie?

Die Lehrperson sollte Wissen darüber haben, wie literal unsere gesamte Umwelt, wie schriftsprachlich im Speziellen die schulische Bildungsarbeit orientiert ist. SchülerInnen jeden Alters bringen aufgrund ihrer familiären Sozialisation unterschiedliche Bezüge zu medialer wie konzeptioneller Schriftlichkeit auf. Sie benötigen zum Erwerb schriftsprachlicher Kompetenzen entsprechend unterschiedlich intensive Unterstützung. Dies bezieht sich nicht zuletzt auch auf ihr Verhältnis zum literarischen Lesen.

Zum Weiterlesen:

Rosebrock, Cornelia; Bertschi-Kaufmann, Andrea (Hrsg.) (2013): Literalität erfassen: bildungspolitisch, kulturell, individuell. Weinheim: Beltz Juventa.

Feilke, Helmuth (2014): Begriff und Bedingungen literaler Kompetenz. In: Helmuth Feilke; Thorsten Pohl (Hrsg.): Deutschunterricht in Theorie und Praxis, Band 4: Schriftlicher Sprachgebrauch – Texte verfassen. Baltmannsweiler: Schneider Hohengehren, S. 33–53.

Hurrelmann, Bettina (2004): Bildungsnormen als Sozialisationsinstanz. In: Norbert Groeben; Bettina Hurrelmann (Hrsg.): Lesesozialisation in der Mediengesellschaft. Ein Forschungsüberblick. Weinheim, München: Juventa, S. 280–304

2 · Was ist und wozu braucht es Lese- und Literaturdidaktik?

Eine Fachdidaktik befasst sich mit dem Lehren und Lernen in einer Wissensdomäne, einem Fach. Die Deutschdidaktik befasst sich entsprechend mit der deutschen Sprache und Literatur, und zwar aus zwei Perspektiven: Es geht einmal um das Lehren, also um die Vermittlung von Wissen und Können, und einmal um das Lernen, also darum, wie Wissensbestände und Kompetenzen angeeignet werden können. Insgesamt geht es also um das Miteinander der Lehrer- und der Schüler-Perspektive auf etwas Drittes, nämlich auf das, was zu lehren bzw. lernen ist. Die Deutschdidaktik muss – lapidar ausgedrückt – die „Gretchenfrage" allen Unterrichtens für das Fach Deutsch beantworten: Was soll wie, wann und warum konkret gelehrt und gelernt werden?

Die Lese- und Literaturdidaktik ist nur eines der Teilgebiete der Deutschdidaktik. Die Sprachdidaktik beschäftigt sich mit (Schrift-)Sprachlernen, vor allem mit den Bereichen Schreiben, Orthografie und Grammatik; von ihr ist in diesem Buch nur am Rande die Rede. Thema der Literaturdidaktik ist die Literaturvermittlung. Die Lesedidaktik schließlich ist eine ziemlich junge Teildisziplin der Deutschdidaktik, sie entstand im Zuge der ersten PISA-Studie um die Jahrtausendwende, als man feststellen musste, dass die schulische Leseausbildung in Deutschland insgesamt nur mittelmäßige und z. T. problematische Leseleistungen hervorbrachte (→ 3, 4). Ihr Thema ist der Erwerb von Lesekompetenz im institutionellen Rahmen. Leseförderkonzepte zu entwickeln und deren Wirkung zu überprüfen ist ihre Aufgabe.

Zurück zur „Gretchenfrage" der Didaktik: Was soll wie, wann und warum konkret gelehrt und gelernt werden? Die Frage nach dem „Was" ist die nach den Gegenständen des Unterrichts – mit dem Begriff „Gegenstände" benennt man alle Inhalte, auch wenn es sich um Abstrakta handelt, z. B. um das Sonett als Gedichtform oder die Verbklammer des Deutschen als grammatische Struktur. Die Frage nach dem „Wie" betrifft Methoden – wie kann man eigentlich bestimmte Gegenstände der Wissensdomäne erfolgreich vermitteln, welche Lernwege gibt es? Die Frage nach dem „Wann" lenkt den Blick auf die SchülerInnen: Welche Entwicklungsschritte müssen sie vollzogen haben, welche Wissensbereiche müssen sie sich bereits angeeignet haben, um sich einem bestimmten Gegenstand nun erfolgreich zuwenden zu können? Und die Frage nach dem „Warum" greift schließlich die Ziele des Unterrichts auf: Warum soll aus dem Universum möglicher literarischer und sprachlicher Wissensbestände dieser oder jener Gegenstand schulisch fokussiert werden?

Das sind viele Fragen auf einmal, die im Fokus der Literatur- und Lesedidaktik stehen. Wir beginnen mit dem „Was". Zu Konzepten und Methoden (dem „Wie", → 11, 12), dem curricularen Aufbau von Lese- und Literaturunterricht (dem „Wann"→ 10) und den Zielen (dem „Warum", → 7) folgen später noch eigene Kapitel.

Eine Antwort auf die Frage nach dem Ziel des Deutschunterrichts, in dem ja auch der Lese- und Literaturunterricht beheimatet ist, gab bereits das letzte Kapitel, allerdings auf hohem Abstraktionsgrad: Es geht dem Deutschunterricht um die Ausbildung literaler sprachlicher Kompetenzen und in Sonderheit um Sprach- und Literaturverstehen. Doch was muss dafür eigentlich gelernt werden? Darauf beanspruchen die nationalen Bildungsstandards Antwort zu geben.

Bildungsstandards als Richtschnur

Die Bildungsstandards Deutsch gelten seit etwa 2004 für die gesamte BRD und wurden von den Bundesländern „umgesetzt", das heißt, sie wurden mit relativ geringen Variationen im Großen und Ganzen übernommen. Die Standards formulieren – im Gegensatz zu den früher geltenden Rahmenplänen – keine Inhalte, die erlernt werden sollen, sondern sie fordern Kompetenzen ein, die bei SchülerInnen am Ende der 4. Klasse, zum mittleren Bildungsabschluss am Ende der 9. oder 10. Klasse und schließlich zum Abitur erreicht werden müssen.

Ein Beispiel dafür: Während in den alten Rahmenplänen stand, dass „Kinderromane, z. B. ‚Juli von den Wölfen'", in der 4. Klasse gelesen werden müssen, so steht dort heute „Die Lernenden können Texte sinnverstehend lesen". Noch ein Beispiel: Es wird nicht mehr die Großschreibung von Nomen in einer bestimmten Klassenstufe gefordert, sondern die SchülerInnen sollen „richtig schreiben", so steht es kurz und knapp z. B. in den Standards für die Grundschule.

Die Bildungspolitik ist damit umgeschwenkt von einer „Input-Steuerung", nämlich der Vorgabe von umfangreichen Katalogen von Inhalten für die unterschiedlichen Klassen und Schulformen, zu einer „Output-Steuerung", nämlich der Vorgabe von Kompetenzen, die die SchülerInnen am Ende einer Stufe vorweisen müssen, beispielsweise „Texte schreiben" oder „Texte erschließen". Sie werden in den Standards benannt und im Anhang der Standards durch Aufgaben konkretisiert. Die Politik erhofft sich davon eine bessere Steuerung des Bildungssystems und letztlich eine bessere Unterrichtsqualität. Denn ob diese Standards von den einzelnen Bundesländern, Schulen, Schulklassen, Schülerinnen und Schülern erreicht werden, wird in Teilen überprüft. Die Instrumente für diese Überprüfungen sind beispielsweise die regelmäßig durchgeführten PISA-Studien, die im Blick auf das Fach Deutsch Lesekompetenz messen und international vergleichen (→ 3), weiter die VERA-Erhebungen (z. Zt. in Deutsch, Englisch und Mathematik), die Bundesländer-übergreifend die Kompetenzen in den verschiedenen Bereichen des Deutschunterrichts über Tests erheben und auf nationaler Ebene vergleichen, und auch die Vergleichsarbeiten, die zwischen Schulen veranstaltet werden. Die Institutionen, die diese Überprüfung vornehmen, sind die „Institute für Qualitätssicherung im Bildungswesen" (IQBs); es gibt ein solches Institut auf nationaler Ebene in Berlin und regional in den 16 Bundesländern jeweils ein weiteres.

Dieser Kurswechsel hat durchaus Bewegung in die lese- und literaturdidaktische Forschungs- und Entwicklungsarbeit gebracht (vgl. z. B. Wieser 2017). Er hat aber auch Kritik hervorgerufen – nicht nur, jedoch auch in der Literaturdidaktik. Wesentliche Punkte der Diskussion um die Standards sind:

- Welcher Begriff von Subjektivität bildet den Horizont der Kompetenzorientierung – gilt die Schülerin, der Schüler nur noch als ein Ensemble einzelner überprüfbarer (Teil-)Kompetenzen? Werden Bildungsziele, die nicht im Kompetenzbegriff aufgehen und insofern auch nicht getestet werden können, aus dem Unterricht verdrängt? Dies könnte dann beispielsweise literarische Bildung in ihrer Bedeutung für die Persönlichkeit treffen (→ 9).

- Die Lernbedingungen haben sich verändert. Schulklassen sind heute heterogener als in den Generationen zuvor. Können die gleichen Kompetenzen, die gleichen Schlüsselqualifikationen für alle zum Maßstab werden? Oder orientiert sich der Unterricht von nun an nur noch an den elementaren Kompetenzen und womöglich am untersten Niveau?

- Sind Inhalte wirklich beliebig, lassen sich Kompetenzen an jeglichen Inhalten ausbilden? Sind Wissensbestände nicht notwendige Voraussetzung von Kompetenzen?

- Wie verändert das Kompetenzparadigma die Unterrichtskultur – wird dadurch ein „teaching to the test" zur Regel, also eine Einschränkung der Aufgabenkultur auf Überprüfbares?

Zurück zu unserer Frage nach dem „Was" des Deutschunterrichts: Die Bildungsstandards formulieren durchaus Antworten darauf für das Fach Deutsch. Sie definieren die vier Bereiche „Sprechen und Zuhören", „Schreiben", „Lesen – mit Texten und Medien umgehen" und „Sprache und Sprachgebrauch untersuchen". Diese vier Bereiche bestimmen die Standards von der Grundschule bis zum Abitur in etwas variierender Gewichtung oder länderspezifischen Formulierungen; ihnen sind jeweils Einzelstandards zugeordnet, die natürlich je nach Schulstufe formuliert werden. Als Beispiel sind in der Grafik die Standards für die Grundschule wiedergegeben (vgl. Bildungsstandards im Fach Deutsch für den Primarbereich 2005); die grundsätzliche Einteilung in die vier Lernbereiche sowie ein weiterer Teil „Methoden und Arbeitstechniken“ finden sich auch in den Standards für die anderen Stufen.

Sprechen und Zuhören	**Schreiben**	**Lesen – mit Texten und Medien umgehen**
• zu anderen sprechen • verstehend zuhören • Gespräche führen • szenisch spielen • über Lernen sprechen	• über Schreibfertigkeiten verfügen • richtig schreiben • Texte planen • Texte schreiben • Texte überarbeiten	• über Lesefähigkeiten verfügen • über Leseerfahrungen verfügen • Texte erschließen • Texte präsentieren

Methoden und Arbeitstechniken

werden jeweils in Zusammenhang mit den Inhalten jedes einzelnen Kompetenzbereichs erworben

Sprache und Sprachgebrauch untersuchen

- grundlegende sprachliche Strukturen und Begriffe kennen
- sprachliche Verständigung untersuchen
- an Wörtern, Sätzen, Texten arbeiten
- Gemeinsamkeiten und Unterschiede von Sprachen entdecken

Allerdings sind diese vier Lernbereiche im Wesentlichen eine analytische Aufteilung: Denn praktisch werden die Bereiche des Deutschunterrichts wohl überwiegend integriert gelehrt. Z. B.: Über eine Kurzgeschichte wird im Unterricht gesprochen und wohl auch geschrieben, sie wird natürlich gelesen oder vorgelesen und ihre sprachlichen Mittel werden vermutlich auch untersucht. Aber der Fokus konkreter Deutschstunden kann durchaus auf einem der Bereiche liegen.

Wir greifen zwei Einzelstandards heraus: „richtig schreiben“ und „über Leseerfahrungen verfügen“. Es fällt auf, dass wir nun immer noch nicht wissen, was diese Standards konkret fordern: Denn beides muss doch wohl für eine 10-Jährige etwas anderes heißen als für eine 18-Jährige? Und verfügt nicht jeder über mehr oder weniger Leseerfahrungen und die Fähigkeit, mehr oder weniger richtig zu schreiben?

Hier kommt der Kompetenzbegriff ins Spiel: Die Standards benennen, wie gesagt, Kompetenzen. Kompetenzen sind nicht das Gleiche wie Wissen. Weinert definiert Kompetenzen als

> „[...] die bei Individuen verfügbaren oder durch sie erlernbaren kognitiven Fähigkeiten und Fertigkeiten, um bestimmte Probleme zu lösen, sowie die damit verbundenen motivationalen, volitionalen und sozialen Bereitschaften und Fähigkeiten, die Problemlösungen in variablen Situationen erfolgreich und verantwortungsvoll nutzen zu können." (Weinert 2001, 27 ff.)

Eine bestimmte Kompetenz oder ihr Fehlen zeigt sich also konkret bei der Lösung von Problemen, die ihrerseits natürlich altersspezifisch bestimmt werden müssen: Die Probleme, die die 10-Jährige lösen können muss, sind andere als die der 18-Jährigen. Nicht, welchen Wortschatz oder welches grammatische Wissen ein Schüler, eine Schülerin hat, ist entscheidend bei der Kompetenzorientierung, sondern dass er oder sie beispielsweise ein Bilderbuch, einen Fahrplan, einen Behördenbrief oder ein Barockgedicht verstehend lesen und erfolgreich sprachlich darauf reagieren kann. Im Kontext des Deutschunterrichts geht es um literale Probleme, für deren Lösung die entsprechenden Kompetenzen da sein sollen – z. B. um schriftsprachliche Anforderungen im Beruf, die im digitalen Zeitalter auch bei den einfachsten Tätigkeiten auftreten.

Die Probleme, die eine literal konstituierte Gesellschaft für ihre Mitglieder parat hält und für die sie Lösungen finden müssen, sind allerdings außerordentlich vielfältig; sie sind auch ein Stück weit unvordenklich, besonders im Blick auf die schnelle Entwicklung der Arbeitswelt und der Medien. Aus den Standards lässt sich die Frage nach den Gegenständen des Deutschunterrichts zwar ein Stück weit konkretisieren – aber schwerlich ausreichend, um daraus die Gegenstände des konkreten Unterrichts abzuleiten.

Die Bezugsdisziplinen der Deutschdidaktik

Können die universitären Teildisziplinen der Germanistik an dieser Stelle weiterhelfen? Gegenstand der Germanistik ist das Deutsche in Sprache und Schrift; Gegenstand der Sprachwissenschaft ist die Sprache in ihrer historischen und systematischen Dimension und ihrem praktischen Gebrauch; Gegenstand der Literaturwissenschaft ist die Literatur, ebenfalls in theoretischer und kulturgeschichtlicher Perspektive. Die Sprachwissenschaft teilt sich noch einmal in zahlreiche Einzeldisziplinen. Auf den Bereich literarisches Lesen hat sich eine Unterdisziplin der Literaturwissenschaft konzentriert, die sogenannte Rezeptionsästhetik, die unter Einbezug der Kognitionswissenschaft untersucht, wie Schöne Literatur leserseitig zum Erscheinen gebracht wird. Schließlich könnten auch die Bildungswissenschaften Erkenntnisse beisteuern, wenn auch nicht zu den Lerngegenständen selbst, und natürlich die pädagogische Psychologie, in Sonderheit die Entwicklungspsychologie.

Andererseits bildet der Deutschunterricht keine Sprachwissenschaftlerinnen und keine Literaturwissenschaftler aus; das soll er auch nicht tun. Er soll, wie Weinert formulierte, Kompetenzen hervorbringen – in unserem Fall zur Lösung alltäglicher, persönlicher oder beruflicher literaler Problemlagen. Welche Komponenten aus dem riesigen Fundus an einschlägigen sprach- und literaturwissenschaftlichen Erkenntnissen, Verfahren und Konstrukten sind so bedeutend, dass sie Voraussetzung für die in den Standards geforderten literalen Kompetenzen sind? Ist z. B. Wissen über Metrik oder über Funktionsverbgefüge Teil einer solchen Problemlöse-Kompetenz, und wenn ja, warum gerade das?

Die jeweiligen Bezugswissenschaften können diese *didaktischen* Fragen nicht beantworten, weil sie einen anderen „Gegenstand" als die fachdidaktische Wissenschaft haben: Gegenstand der Deutschdidaktik ist nicht „Sprache" und „Literatur", sondern deren Vermittlung und Aneignung, wie oben betont. Nun ist gewissermaßen im Ausschlussverfahren die Frage nach der Bestimmung der Deutschdidaktik definiert. Unsere Eingangsfrage: Was soll – und kann – wie, wann und warum konkret im Deutschunterricht gelernt werden? beschreibt die Aufgabe der Deutschdidaktik: Sprach-, Lese- und Literaturdidaktik konstruieren Gegenstands- und Unterrichtskonzepte als Antworten auf diese Frage in engem Bezug zu den entsprechenden Fachdisziplinen, auch zu den Bildungswissenschaften, und sie überprüft sie durch Studien zu bestimmten Gegenstandsmodellierungen, Vermittlungsmethoden, Lernpfaden usw.

Dabei entwickelt sie auch Modelle für den Unterricht, die sich in der Praxis bewähren müssen. Denn der Übergang von einem sprachlichen oder literarischen „Gegenstand" im praktischen Gebrauch zu einem, der in der Institution vermittelt werden kann, verlangt eine Umstrukturierung: Er muss umformatiert werden in einen Unterrichtsgegenstand. Dadurch wird er von seinem ursprünglichen Gebrauch gewissermaßen abgeschnitten und neu aufbereitet: Er wird expliziert, in Teile aufgespalten und angeordnet, so dass er unterrichtet werden kann. Unterrichtsmodelle, wie sie in Lehrerhandreichungen oder Fachzeitschriften zu finden sind, vollziehen solche Formatierungen; professionelle Lehrpersonen tun das in ihrer Unterrichtsvorbereitung. Welches Wissen brauchen sie dafür?

Professionalität in einer „schwach strukturierten Domäne"

Für ihre professionelle Handlungskompetenz brauchen Lehrpersonen unterschiedliche Typen von Wissen: Sie brauchen natürlich Fachwissen, im Jargon der Bildungswissenschaften: „content knowledge"[1]. Es reicht aber nicht aus, dass sie über ein Wissensfundament aus der Sprach- und Literaturwissenschaft verfügen, das den sogenannten „Schulstoff" umfasst und grundiert. Zusätzlich ist fachdidaktisches Wissen („pedagogical content knowledge") wichtig. Dieses Wissen erlaubt ihnen, auf den jeweiligen Unterrichtsgegenstand nicht nur als Fachleute, sondern zusätzlich „durch die Augen der SchülerInnen" zu schauen und ihn entsprechend zu modellieren: Welches Konzept hat ein Fünfjähriger von Schrift, und welches braucht er, um das Lesen und Schreiben zu lernen? Welche Konzepte haben 15-Jährige von der literarischen Romantik, und welche Erfahrungen sollen sie machen, um es zu erweitern oder zu korrigieren? Erst solches Wissen erlaubt der Lehrperson dreierlei: Sie kann erstens Aufgaben als didaktische Werkzeuge für ihren Unterricht auswählen bzw. erstellen und einsetzen. Dazu gehört auch die Bestimmung des Unterrichtsgegenstands, also des Problems oder Phänomens, um das es im konkreten Unterricht gehen soll. Diese Aufgaben kann sie zweitens variabel gestalten, das heißt,

[1] Die Begriffe gehen auf Shulman (1986) zurück, vgl. Kunter et al. 2011, Kap. 8.2, 164 ff.

sie verfügt über multiple Repräsentationen und Erklärungen der fachlichen Sachverhalte. Beispielsweise: Die Schrift kann Fünfjährigen auf unterschiedliche Weisen zugänglich gemacht werden, oder: Es gibt ganz verschiedene Wege zum Verständnis einer Epoche wie der Romantik. Nicht jeder Lernweg ist für jede Gruppe, für jeden Einzelnen gleichermaßen geeignet. Fachdidaktisches Wissen betrifft deshalb drittens passendes diagnostisches Wissen über das spezifische Lernen und Verstehen der Schülerinnen und Schüler im Fach.

Neben diesem „pedagogical content knowledge" und dem zuerst genannten „content knowledge", dem Fachwissen, braucht eine Lehrperson auch noch allgemeines pädagogisches Wissen – sogenanntes „generic pedagogical knowledge", das nicht fachgebunden ist. Es speist sich aus der Sozial- und Entwicklungspsychologie und hilft beispielsweise, pädagogische Beziehungen zu einzugehen, Klassen zu führen, Problemlagen im Unterricht zu bewältigen usw. Diese drei Wissenstypen des Lehrberufs wurden in einer bildungswissenschaftlichen Studie (Kunter et al. 2011) beschrieben, in der untersucht wurde, in welchem Verhältnis die Kompetenzen von Lehrpersonen zu den Lernfortschritten ihrer SchülerInnen stehen – anders formuliert: Was wissen und können Lehrpersonen, deren Unterricht besonders gute Erfolge zeigt? Es verwundert nicht, dass fachdidaktisches Wissen die unmittelbare und zentrale Rolle für erfolgreiches schulisches Lehren und Lernen spielt. Und es verwundert auch nicht, dass fachdidaktisches Wissen nur auf der Basis von tiefem und Schulstoff-bezogenem Fachwissen und, im kleineren Maße, auf der Basis von allgemeinem pädagogischem Wissen ausgeprägt in Erscheinung tritt.

Wir fassen zusammen:

Die Frage „Was ist und wozu braucht es Lese und Literaturdidaktik?" haben wir beantwortet, indem wir zunächst eine Definition von Deutschdidaktik (als der Wissenschaft vom Lehren und Lernen von Sprache und Literatur) gegeben haben. Anschließend haben wir die Vorgaben der Bildungsstandards für die vier Bereiche des Deutschunterrichts skizziert und den Kompetenzbegriff erläutert, der in jüngerer Zeit an die Stelle inhaltlicher Vorgaben gesetzt wurde. Kurz sind wir auf die Bedeutung der Bezugswissenschaften, der Sprach-, der Literatur- und der Bildungswissenschaften, eingegangen. Abschließend haben wir die Frage, wozu es Deutschdidaktik braucht, erörtert, indem wir bestimmt haben, was fachdidaktisches Wissen und Können darstellt und nutzt.

Welche Anforderungen stellt das an die Lehrperson? Welches Wissen, welches Können braucht sie?

Lehrpersonen müssen sich in ihrem Fach auskennen, insbesondere in den Teilen der wissenschaftlichen Fachdisziplin, die die schulischen Lehrstoffe betreffen. Sie müssen im Lauf ihrer Ausbildung und Praxis ein fachdidaktisches Konzept der Gegenstände sowie ihrer Lehr- und Lernbarkeit entwickeln und ausprägen. Das bedeutet: Sie müssen gleichsam mit den Augen der Schülerschaft auf die Gegenstände des Deutschunterrichts blicken können und so den Abstand ermessen, der die SchülerInnen von der angezielten Kompetenz trennt. Sie müssen verschiedene Lernwege für sprachliche und literarische Unterrichtsgegenstände kennen und dieses Wissen in adaptives Unterrichtshandeln umsetzen können. Die Qualität dieses Unterrichtshandelns zeigt sich u. a. in den Aufgaben, die Lehrpersonen für ihre Schülerschaft modellieren.

Zum Weiterlesen:

Die Bildungsstandards sind im Netz unter der Adresse der KMK (= Kultusministerkonferenz) publiziert.

Becker-Mrotzek, Michael; Kämper-van den Boogaart, Michael; Köster, Juliane; Stanat, Petra; Gippner, Gabriele (Hrsg.). (2015): Bildungsstandards aktuell: Deutsch in der Sekundarstufe II. Braunschweig: Bildungshaus Schulbuchverlage.

Behrens, Ulrike; Böhme, Katrin; Bremerich-Vos, Albert; Hunger, Susanne (Hrsg.) (2014): Bildungsstandards Deutsch: konkret. Sekundarstufe I: Aufgabenbeispiele, Unterrichtsanregungen, Fortbildungsideen. Berlin: Cornelsen.

Bremerich-Vos, Albert; Granzer, Dietlinde; Behrens, Ulrike; Köller, Olaf (Hrsg.) (2009): Bildungsstandards für die Grundschule: Deutsch konkret. Aufgabenbeispiele, Unterrichtsanregungen, Fortbildungsideen. 3. Aufl. 2011. Berlin: Cornelsen. Online unter: https://edoc.hu-berlin.de/bitstream/handle/18452/3773/1.pdf?sequence=1&isAllowed=y (Zugriff 1.6. 2019).

Rosebrock, Cornelia; Wirthwein, Heike (2014): Standardorientierung im Lese- und Literaturunterricht der Sekundarstufe I. Baltmannsweiler: Schneider Hohengehren.

3 · Was ist Lesekompetenz und welche Einzelfähigkeiten gehören dazu?

Lesekompetenz – der Begriff ist in aller Munde. Richtig populär gemacht haben ihn die internationalen Schulleistungsstudien ab der Jahrtausendwende, insbesondere IGLU (die Leseleistung am Ende der 4. Klassenstufe untersucht hat, Hußmann et al. 2017) und PISA (am Ende der Pflichtschulzeit, etwa 15-Jährige, OECD 2016). Um untersuchen zu können, in welchem Ausmaß SchülerInnen Texte verstehen können, müssen die geistigen Leistungen, die für das verständige Verarbeiten geschriebener Texte notwendig sind, benannt und beschrieben werden. Kurz gesagt: Es braucht ein systematisch stimmiges Modell dessen, was unter „Lesekompetenz" verstanden werden soll. Davon ist in diesem Kapitel die Rede.

Mentale Handlungen beim Lesen

Was tun Sie, wenn Sie lesen? Wir möchten Sie zur Klärung dieser Frage zu einem Selbstversuch einladen. Bitte nehmen Sie ein Blatt Papier zur Hand, mit dem Sie den auf der Seite 33 im Kasten gedruckten Text zunächst – ohne ihn zuvor gelesen zu haben – vollständig abdecken (Bitte warten Sie noch kurz mit dem Umblättern!). Decken Sie den Text dann Reihe für Reihe bzw. Satz für Satz auf, und merken Sie sich, welche Vorstellungen Ihnen beim Lesen bei der jeweiligen Zeile in den Kopf kommen. Bedenken Sie abschließend (und schreiben Sie es ggf. in einigen Stichworten auf), wann, wie und wodurch Sie den Text verstanden haben. Erst dann lesen Sie bitte hier weiter …

Was haben Sie nun geistig getan, um diesen Text zu verstehen? Natürlich haben Sie ihm Informationen entnommen (Er ist an der Kasse … Sie will ihm acht Euro zurückgeben …). Um zu verstehen worum es eigentlich geht, mussten Sie allerdings mehr leisten: Sie mussten Zusammenhänge herstellen, indem Sie in Ihrem eigenen Erfahrungs- bzw. kulturellem Wissen gekramt haben: Was könnte das für eine Situation sein? Vielleicht ein erstes Date? Ein Hinweis darauf bietet die anscheinend zwischen ihm und ihr ungeklärte Frage, ob sie sich eingeladen fühlen kann oder nicht. Und in welchen Ort gehen Sie „hinein"? Ins Museum? Ins Kino? Einen deutlichen Hinweis auf das Kino bietet das Popcorn, auch der Eintrittspreis passt ungefähr.

Sie haben durch die Verbindung von Textinformation und eigenem Wissen ein Situationsmodell gebildet, das nicht mehr aus Buchstaben besteht, sondern analoge Gestalt hat. Sie haben es von Beginn an sukzessiv aufgebaut, von Zeile zu Zeile wurde es konkreter, erste Vorstellungen (Kasse – Supermarkt? „Sie" – Kassiererin?) haben Sie korrigiert. Ihr Situationsmodell geht dabei über die im Text tatsächlich gegebenen Informationen deutlich hinaus: Denn Sie haben eine Vorstellung von der erzählten Situation, der Beziehung der beiden Figuren sowie die Idee eines Handlungsortes konstruieren können.

Ein mentales Situationsmodell zu bilden, bedeutet, unter Rückgriff auf das eigene Wissen die gegebenen Informationen in eine Situation (z. B. bei Erzähltexten) oder, allgemeiner, in ein Modell, jedenfalls in eine zumindest teilweise analoge Darstellung, stimmig zu übersetzen. In diesem Prozess werden Bedeutungen aktiv gedanklich konstruiert und in vorhandene kognitive Schemata integriert (hier in das Ereignisschema „Als Paar ins Kino gehen"). Man kann sich vorstellen, wie in längeren Erzähltexten dieses Situationsmodell prozessiert wird: Neue Figuren treten hinzu, Ereignisse geschehen vor Landschaften, zuvor Gelesenes wird wieder aufgegriffen usw. Klar wird auch, dass man es beim Lesen von der ersten Zeile an entwirft, nicht erst nach der Lektüre. Schließlich ist man von Anbeginn an mental engagiert, um Kohärenzen (Zusammenhänge) zwischen den Informationen zu konstruieren, Kohärenzen, die relevant (bedeutsam) sein sollen. Kohärenz und Relevanz herzustellen ist das universale Ziel von Leseprozessen.

Er bezahlte an der Kasse 16 Euro.

Sie wollte ihm acht Euro zurückgeben,

aber er wollte das Geld nicht haben.

So gingen sie denn zusammen hinein,

und sie kaufte ihm eine große Tüte Popkorn.

(in Anlehnung an Holle 2009, S. 104)

Welche Leistungen müssen also erbracht werden, um aus einer Anzahl von Buchstaben ein Situationsmodell zu entwickeln? Die Kognitionstheorie des Lesens unterscheidet fünf Teilprozesse, die erfahrene LeserInnen parallel vollziehen (vgl. Rosebrock/Nix 2017, 17 ff.):

- Die geschriebenen *Wörter* werden *identifiziert* und ihrer Bedeutung zugeordnet, beispielsweise „eine große Tüte Popcorn“. Wer erst einmal flüssig lesen kann, macht das ohne bewusste Anstrengung. Denn „Man kann nicht nicht lesen“. Wenn man auf eine kleine Gruppe von Wörtern schaut, erfasst man sie in einem Blick – die Werbeindustrie macht sich das zunutze.

- Diese Mühelosigkeit gilt beim flüssigen Lesen einfacher Texte auch noch für die Verknüpfung von aufeinander folgenden (Teil-)Sätzen, die sog. *lokale Kohärenzbildung*. Kohärenz heißt, wie gesagt, Zusammenhang, lokal bedeutet kleinräumig – es wird also der Zusammenhang der Wortgruppen verstanden, beispielsweise die Wörter „sie”, „Popkorn” und „kaufen” werden aufeinander bezogen. Die sogenannte „Textbasis“ ist entstanden.

- Um aber einen Text im Ganzen zu verstehen wie beispielsweise den kurzen Text oben, müssen die erlesenen Informationen als zueinander passend formiert und in vorhandene Schemata integriert werden. Das wird geleistet, indem die lokalen Zusammenhänge einerseits verdichtet, andererseits untereinander verknüpft werden. Diesen geistigen Vorgang bezeichnet man als die Herstellung *globaler Kohärenz.* Hier erst spricht man von Textverstehen, weil der Gesamtzusammenhang des Textes (zunächst versuchsweise) als mentales Modell konstruiert wird.

- Zusätzlich werden auch die formalen Elemente des Textes wahrgenommen und berücksichtigt. Das sind kleinräumige Ausdrucksformen wie beispielsweise sprachliche Bilder oder ironische Untertöne, aber auch die rhetorische Organisation des Textes als Ganzem, seine Textsorte. Das Beispiel oben von der Szene an der Kinokasse gehört einem Erzähltext an, wie man ohne nachzudenken schon bemerkt hat – und eben nicht einem Zeitungsartikel, einer Predigt, einem Sachtext aus einer Wissensdomäne, einem klassischen Gedicht ... In der Kognitionstheorie heißen die mentalen Korrelate dieser Textgestaltungsmittel *Superstrukturen.*

- Oft gibt es über das Geschriebene hinaus noch Bedeutungen „zwischen den Zeilen": Was will bzw. soll dieser Text eigentlich? Will er mich – wie z. B. Werbetexte – von etwas überzeugen? Oder soll ich etwas lernen – wie bei dem Text, den Sie gerade lesen? Oder überrascht werden? Texte folgen unterschiedlichen *Darstellungsabsichten*, und gute LeserInnen erkennen sie und reflektieren sie gegebenenfalls.

In Ausführung all dieser Teilprozesse greifen LeserInnen auf eigenes Wissen zurück, z. B. auf Wortwissen (Popcorn), auf kulturelles Wissen (Popcorn – Kino), bei Literatur oft auch auf emotionale und sinnliche Erfahrungen, bei Sachtexten auf das passende thematische Vorwissen. Und während die sog. hierarchieniedrigen Teilprozesse (das sind die Wort- und Satzidentifikation und die lokale Kohärenzbildung) bei flüssigen LeserInnen automatisiert ablaufen, muss man sich beim Ausführen der letztgenannten, sog. hierarchiehöheren Teilprozesse unter Umständen ganz schön anstrengen – dann nämlich, wenn der Text schwierig ist im Verhältnis zu dem Wissen und den Erfahrungen der Leserin, wenn es z. B. nicht gelingt, zu erfassen, wovon überhaupt die Rede ist (globale Kohärenz), warum der Text sich so unverständlich ausdrückt (Superstrukturen) oder worauf das Ganze überhaupt zielt (Darstellungsintentionen).

Lesekompetenzmodell der PISA-Studien

Kehren wir zurück zur Ausgangsfrage: Was ist Lesekompetenz und welche Einzelfähigkeiten gehören dazu? Eine erste Antwort ist nun möglich: Als lesekompetent kann grundsätzlich gelten, wer die Fähigkeit besitzt, die aufgeführten Teilprozesse des Lesens zu leisten und dadurch ein mentales Modell des textseitig Gemeinten zu imaginieren, das mit den Textinformationen übereinstimmt. Der Kern des Begriffs „Lesekompetenz" ist damit ausgemacht: Kompetente LeserInnen sind in der Lage, auf der Basis ihres Wissens stimmige Bedeutungskonstruktionen auf verschiedenen Ebenen zu bilden.

Populär geworden ist der Begriff Lesekompetenz im Zuge der ersten PISA-Studie. Die Ergebnisse dieser internationalen Schulleistungsstudie wurden im Jahr 2001 veröffentlicht und verursachten breites Erschrecken: Die Erkenntnis, dass viele deutsche SchülerInnen nicht nur nicht lesen wollen, sondern es auch nicht ausreichend gut können, zog erhebliche Konsequenzen in der Bildungsadministration und der Schulwirklichkeit nach sich. Die Umstellung des Bildungswesens auf die sog. Kompetenzorientierung (→ 2) wurde, getriggert durch PISA, entschlossen angegangen und führte zu einer veränderten Unterrichtskultur.

PISA definiert Lesekompetenz als die Fähigkeit,

> „geschriebene Texte zu verstehen, zu nutzen und über sie zu reflektieren, um eigene Ziele zu erreichen, das eigene Wissen und Potential weiterzuentwickeln und am gesellschaftlichen Leben teilzunehmen" (OECD 2002, 13).

Die Studie legt ihren Schwerpunkt auf das Verstehen- und Nutzenkönnen von Sachtexten verschiedener Art. Sie interessiert sich weit mehr dafür, ob SchülerInnen Sachtexte einschließlich Tabellen und Grafiken nutzen können, als dafür, ob SchülerInnen einen literarischenText, z. B. ein modernes Märchen, verstehen. So misst PISA u. E. in erster Linie die Kompetenz, Texte für eine praktisch-ökonomische Teilhabe an der Gesellschaft zu verstehen – PISA klärt also, ob SchülerInnen die Textformen bewältigen können, denen man in den Sachfächern der Schule oder im beruflichen Kontext begegnet.

Erhoben wird das Textverstehen über Aufgaben verschiedener Schwierigkeitsgrade zu verschiedenen Texten. Diese Aufgaben zielen jeweils auf die Teilleistungen des Lesens, die oben angeführt wurden. Dass die 15-Jährigen flüssig lesen können, wurde allerdings vorausgesetzt, insofern wurde die hierarchieniedrigste Teilkompetenz, das Identifizieren von Wörtern und Wortgruppen, nicht überprüft. Aus den anderen Teilleistungen wurden drei Subskalen modelliert:

- aus Texten Informationen suchen und extrahieren,
- textbezogen kombinieren und interpretieren sowie
- über die Form und den Inhalt von Texten reflektieren und sie bewerten können.

Für jede dieser Subskalen wurden Stufen des Könnens voneinander abgegrenzt (OECD 2001, 89). Ein Beispiel zur Subskala „Informationen suchen und extrahieren": Ein Schüler, der der Kompetenzstufe I a zugeordnet wird, ist in der Lage, „eine oder mehrere unabhängige, aber ausdrücklich angegebene Informationen zu lokalisieren" (ebd.). Eine Schülerin, deren Testleistung der höchsten Kompetenzstufe VI zugeordnet wird, ist dagegen in der Lage, „verschiedene, tief eigebettete Informationen [...] geordnet wiederzugeben", wobei der Text inhaltlich und formal unbekannt ist, und sie muss entscheiden, welche Informationen für die jeweilige Aufgabe relevant sind. „Das erfordert den Umgang mit konkurrierenden Informationen und Präzision auch im Umgang mit unauffälligen Textdetails" (ebd.).

In der Skala „textbezogen interpretieren" beschreibt „... das Erkennen des Hauptgedankens des Textes [..., der] dabei entweder durch Wiederholung oder durch frühes Erscheinen im Text auffallend formuliert" ist, eine niedrige Leistungsstufe. In der höchsten Stufe dieser Skala heißt es dagegen: „... ein vollständiges und detailliertes Verstehen eines Textes, dessen Format und Thema unbekannt sind.". Fünf bzw. sechs solcher Stufungen der Aufgabenanforderungen wurden für jede der drei Subskalen beschrieben (OECD 2001, 89). Diese Stufen beschreiben also, welche Art Aufgaben die SchülerInnen zu lösen in der Lage sind und welche nicht, sodass es möglich wird, übergreifende Kompetenzstufen zu modellieren, die die drei Subskalen zusammenfassen.

Wie steht es nun laut PISA um die Lesekompetenz von deutschen SchülerInnen? Betrachtet man die Ergebnisse der PISA-Studien der letzten 15 Jahre im Vergleich, so wird deutlich: Das Leistungsniveau der SchülerInnen verbessert sich im Durchschnitt über die einzelnen PISA-Erhebungsrunden Stück für Stück (vgl. OECD 2016, 3). Zugleich liegt der Anteil an denjenigen 15-Jährigen, die wegen ihrer mangelnden Lesefähigkeiten vermutlich nicht „effektiv und produktiv am Leben teil [...] haben" werden können, auch in der Erhebung von 2015 noch bei über 16 Prozent (ebd.). Nicht gut lesen zu können, korreliert in Deutschland erheblich mit Bildungsbenachteiligungen, die in erster Linie in der sozialen Herkunft der SchülerInnen wurzeln. Aber die Leseleistung ist auch schulform-abhängig, was heißt: SchülerInnen mit gleichen soziokulturellen und personalen Voraussetzungen erreichen im Gymnasium bessere Lesekompetenzen als in den anderen Schulformen.

Die IGLU-Studien, die GrundschülerInnen am Ende der vierten Klassenstufe in den Blick nehmen, verfahren im Prinzip parallel. Auch sie orientieren sich am kognitionspsychologischen Lesebegriff, erheben über gestufte Aufgaben zu Texten Verstehensleistungen in verschiedenen Subskalen und ordnen sie umschriebenen Kompetenzniveaus zu. IGLU 2016 zufolge ist der Anteil der sehr gut lesenden Viertklässler in Deutschland gestiegen. Allerdings: Rund ein Fünftel der Altersgruppe erreicht nicht einmal ein mittleres Kompetenzniveau – mehr als in den früheren Erhebungen. Hierzulande sind Grundschulkinder aus sozial unterprivilegierten Familien in weit größerem Ausmaß leseschwach als es in vergleichbaren Staaten der Fall ist. Deutschland gehört auch zu den wenigen Staaten, in denen die sozial bedingten Disparitäten bei der Leseleistung von GrundschülerInnen in den letzten 15 Jahren deutlich zugenommen haben. Dafür spielen in den Statistiken vermutlich verstärkt die Integration von Nicht-Muttersprachlern in den letzten Jahren und die Inklusionsbemühungen an den Schulen eine Rolle. Eine zusätzliche Förderung im Lesen erhält nur etwa ein Drittel der leseschwachen Viertklässler (Bos et al 2017).

Man sollte angesichts dieser Ergebnisse allerdings nicht der Vorstellung anhängen, dass früher alles besser stand um die Lesekompetenzen – auch unter Erwachsenen gibt es schließlich erhebliche Anteile an schwachen LeserInnen und funktionalen AnalphabetInnen (Grotlüschen 2012). Anders herum wird ein Schuh daraus: Die literalen Anforderungen der Gesellschaft an die Lesekompetenzen ihrer Mitglieder sind mit der Digitalisierung aller Lebensbereiche enorm gestiegen, geradezu explodiert.

Das pragmatische, aus der anglo-amerikanischen Forschung stammende Literacy-Konzept, das im Kompetenzmodell der Schulleistungsstudien angewendet wird, sieht Informationsverarbeitung als begrifflichen Kern von „Lesen" an (vgl. Hurrelmann 2007). Die Ergebnisse sind aus didaktischer Perspektive wertvoll, indem sie die Voraussetzungen für schulisches Lernen aus Texten klären und wissenschaftliche Methoden ihrer Überprüfung bereitstellen. Allerdings: Ob jemand beispielsweise fähig und motiviert ist, sich beim Lesen eines Romans in die Hauptfigur hinein zu fühlen, deren Handlungsmotive und Weise des Weltverstehens nachzuvollziehen und für sich nutzbar zu machen, gerät in den Studien nicht in den Blick. Das Kompetenzmodell der Studien kann auch keine Hinweise darauf geben, wie Lesekompetenzen im Sozialisationsverlauf angeeignet werden oder ihr Erwerb behindert wird. Die Aufmerksamkeit für diese Fragen gehört in das Feld der Literatur- und Lesedidaktik.

Ein Mehrebenenmodell des Lesens

Abschließend soll daher ein Kompetenzmodell vorgestellt werden, in das die zuletzt angesprochenen und weitere Aspekte des Lesens eingehen. Cornelia Rosebrock und Daniel Nix haben bereits im Jahr 2008 ein Mehrebenen-Modell des Lesens veröffentlicht, in dem die Erkenntnisse der Kognitionstheorie, aber auch der Lesesozialisationsforschung zusammengeführt wurden und das in der schulischen Praxis einflussreich wurde. Es hat einen dezidiert didaktischen Anspruch und eignet sich insofern auch dafür, das Lesen von Schülerinnen mit Fokus auf die Weiterentwicklung von Lesefähigkeiten in den Blick zu nehmen.

Auf der sog. Prozessebene dieses didaktischen Modells werden die Teilprozesse des Lesens gefasst, die im eigentlichen Prozess des Lesens kognitiv vollzogen werden; oben wurden sie im Einzelnen ausgeführt. Diese Prozessebene ist auch die Basis des Kompetenzmodells der Schulleistungsstudien.

Mit der Subjektebene gerät die Person des Lesenden in den Blick, die diese Prozesse steuert und auswertet. LeserInnen nutzen bei der kogniti-

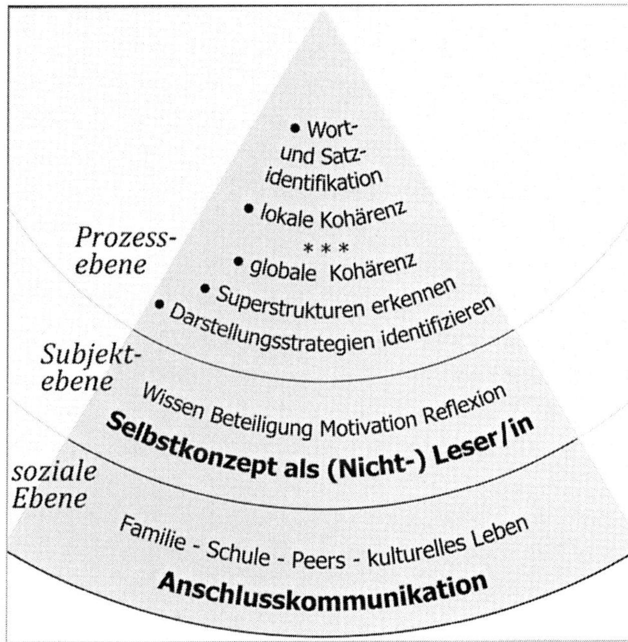

ven Textverarbeitung individuell unterschiedlich (Welt-)Wissen, sie verarbeiten den Text mehr oder weniger engagiert und zielorientiert und sind entsprechend stark oder kaum kognitiv und emotional beteiligt. Ausschlaggebend für ihr Leseengagement ist – neben situativen Bedingungen – das sogenannte lesebezogene Selbstkonzept, nämlich wie sich die Schülerin oder der Schüler im Blick auf Lesen selbst versteht. Dieses Selbstkonzept ist lebensgeschichtlich erworben und Teil der Identität (→ 6).

Schließlich: Die Lesegewohnheiten und -fähigkeiten des Einzelnen wurzeln lebensgeschichtlich im Austausch über Schriftsprache mit anderen. Mit der *sozialen Ebene* werden daher das Umfeld, in dem Lesekompetenzen und -weisen erworben werden, die Situation, in der und für die gelesen wird, und die lesekulturellen Fähigkeiten der Einzelnen in den Blick genommen (→ 4). „Anschlusskommunikation" ist ein Begriff für die lesebezogenen Interaktionen mit anderen. Beispielsweise könnte man die Schule insgesamt als Institution beschreiben, in der Anschlusskommunikation an Texte praktiziert wird.

Die unterschiedlichen Ebenen stehen in wechselseitigen Abhängigkeitsverhältnissen: Ein Grundschulkind, das kaum Erfahrung mit Kinderliteratur mitbringt, wird womöglich nur gezwungenermaßen ein Kinderbuch aufschlagen und insofern seine Leistungen auf der Prozessebene kaum verbessern, sodass es bald auch schlechter liest als die Klassenkameradinnen – was zu noch mehr Vermeidungsverhalten führt. Wie relevant die Subjekt- und die soziale Ebene sind, wenn man das Lesen im unterrichtlichen Kontext betrachtet, zeigt sich in den folgenden Aussagen, die SchülerInnen so tatsächlich getätigt haben. Ein Schüler – gefragt, warum er eigentlich die literarischen Texte für den Deutsch-Grundkurs der Oberstufe fast nie lese – äußerte kurz und knapp: „Ich bin kein Typ, der gerne liest." Diese Aussage lässt auf ein stabiles Selbstkonzept als Nichtleser schließen, das in seiner Lesegeschichte entstanden ist. Vielleicht nerven ihn die verordneten Schullektüren schon seit Jahren, und privates Lesen hat für ihn nie eine Rolle gespielt. Dieses Selbstkonzept spielt allerdings in allen seinen schulisch geforderten Lernprozessen eine Rolle: Vermutlich verarbeitet der Schüler Texte überhaupt mit wenig Beteiligung und Engagement. Die fehlende Lesepraxis bewirkt, dass sich manche Teilprozesse des Lesens nicht routiniert vollziehen, dass Ausdrucksformen, Textsorten usw. unbekannt sind, was das Lesen wiederum mühsamer macht. Ein Mädchen aus der sechsten Klasse dagegen, das in einer Freundinnen-Gruppe mit dem Satz „Ich habe Teil Fünf schon gelesen, war cool!" prahlt (die Äußerung bezieht sich auf die Harry-Potter-Reihe), erlebte das Lesen wohl ganz anders. Unter anderem eben als Tätigkeit, die sie und ihre Peer-Group – die anderen Leserinnen, mit denen sie sich umgab – zueinander führt und aneinander bindet.

Wir fassen zusammen:

Geklärt wurde in diesem Kapitel, was „Lesen" als Tätigkeit fordert: Lesen ist ein komplexer, mehrteiliger geistiger Konstruktions- und Integrationsprozess, der erlernt und geübt werden muss (→ 05). Er ist subjektiv gesteuert sowie biografisch, sozial und situativ eingebettet. Wie gut SchülerInnen lesen, kann auf der Basis von Lesekompetenzmodellen durch gestufte Aufgaben erkannt werden. Das PISA-Modell sowie das Mehrebenen-Modell unterscheiden sich dabei in umfangslogischer Hinsicht – und zwar sowohl in ihrer Perspektive auf das Lesen als auch auf die Lesenden.

Welche Anforderungen stellt das an die Lehrperson? Welches Wissen, welches Können braucht sie?

Um das Lesen ihrer Schüler richtig einschätzen zu können und aus dieser Einschätzung eine geeignete Förderung ableiten zu können (→ 05), müssen Lehrpersonen um die Teilleistungen des Leseprozesses, um das Leseselbstkonzept und die personale Lesekultur ihrer SchülerInnen wissen. „Die Schüler sind zu keinem stimmigen mentalen Modell des Texts gelangt. Wie könnte ich sie dabei unterstützen?", oder: „Überfordert dieser Text die Lesekompetenzen meiner SchülerInnen?" – Fragen dieser Art verlangen Fachwissen zum Leseprozess und zur Lesekompetenz, das als anwendbares Wissen verfügbar sein muss. Denn es hilft beim Lehren nur dann, wenn es genutzt wird, um Teilfähigkeiten zu diagnostizieren und auf dieser Basis Unterrichtssituationen und -ziele produktiv einzuschätzen.

Zum Weiterlesen:

Rosebrock, Cornelia; Nix, Daniel (2017): Grundlagen der Lesedidaktik und der systematischen schulischen Leseförderung. 8. korr. Aufl. Baltmannsweiler: Schneider Hohengehren (hier v. a. Kap. 2).

Bertschi-Kaufmann, Andrea; Graber, Tanja (2016): Lesekompetenz – Leseleistung – Leseförderung. Grundlagen, Modelle und Materialien. Aktualisierte Neuauflage. Zug: Klett und Balmer (hier v. a. Teil 1).

4 · Wie kann man sich die biografische Aneignung von Lesekompetenz vorstellen?

Noch vor gut 50 Jahren hat man diese Frage mit dem Begriff „Buchreife" beantwortet: Etwa mit 9 Jahren kann ein Kind meist ein altersgemäßes Kinderbuch eigenständig lesen, jedenfalls unter passenden Voraussetzungen, und es ist damit „buchreif". Dahinter steckt die Vorstellung, dass Lesekompetenz den Kindern mehr oder weniger natürlich zuwächst. Diese Vorstellung wurde dann in den 1970er Jahren durch eine andere abgelöst, in der der Begriff der „Prägung" wichtig war: Die soziale Umwelt prägt das Individuum. Was, wie, wieviel und wie gut es liest, wurde als Effekt der Kräfte, die auf es einwirken, verstanden. Gegenwärtig hält die Lesedidaktik auch dieses Konzept für verkürzt.

Lesesozialisation

Stattdessen hat sich seit den 1990er Jahren der Begriff „Sozialisation" durchgesetzt, in unserem Kontext die Begriffe „Lesesozialisation" oder, im Blick auf Literatur, „literarische Sozialisation". Der Sozialisationsbegriff hat den Vorteil, dass er dreierlei in sich trägt: Erstens die Idee von Entwicklungsprozessen des einzelnen Individuums (wie er auch im „Buchreife"-Konzept enthalten ist), zweitens die Vorstellung, dass soziale Umwelten diese Prozesse formen, so dass sie nicht allein als endogene verstanden werden können (so wie es in der Idee der „Prägung" gedacht ist), und drittens das Phänomen, dass Individuen in ihren Sozialisationsprozessen durchaus Wahl- und Einflussmöglichkeiten haben, dass sie also eine eigene Entscheidungskraft realisieren. Diese drei Faktoren sind im Konzept der Sozialisation wirkungsmächtig. Sozialisation wird verstanden als die aktive Übernahme einer „Mitgliedschaft in einem sozialen System" (Hurrelmann et al. 2015). Im vorliegenden Kontext ist das der Eintritt in die gedachte Gruppe der LeserInnen, der LiteraturleserInnen, der ZeitungsleserInnen, der BibliotheksbenutzerInnen usw., oder ggf. auch in die Gruppe der Nicht-LeserInnen. Es liegen gewissermaßen kulturelle Entwürfe für die Mitgliedschaft vor – wer gewohnheitsmäßig z. B. Liebesromane oder eine lokale Tageszeitung oder alles über Fußball liest, gehört zu diesem jeweiligen kulturellen „Subsystem", er oder sie definiert sich selbst als der Gruppe solcher Personen zugehörig. Einen solchen Mitgliedschaftsentwurf anzunehmen kann auch bedeuten, an seiner Veränderung mitzuwirken. Besonders deutlich wird das bei der geschlechtlichen Sozialisation, also bei der Übernahme der kulturell bereitliegenden Mitgliedschaftsentwürfe „Frau" oder „Mann" – wie diese Identitäten definiert werden, hat sich historisch bekanntlich vielfach gewandelt. Das geschah, indem die jeweils Nachwachsenden im Zuge ihres Eintritts den vorherrschenden Mitgliedschaftsentwurf verändert haben. Die Angebote haben sich auch pluralisiert: Es gibt durchaus unterschiedliche Konzepte von weiblich und männlich und weiteren Gender, wie es auch unterschiedliche soziale Entwürfe von LeserInnen und Nicht-LeserInnen gibt – z. B. den blassen, lebensuntüchtigen „Bücherwurm", den klugen Intellektuellen; veraltet ist inzwischen der „Blaustrumpf", der seine Weiblichkeit gegen Gelehrsamkeit getauscht hat, usw.

Zentrale Weichensteller von Sozialisationsprozessen sind generell „class, gender, ethnicity", wie es im Amerikanischen heißt – also soziale Schicht, kulturelles Geschlecht und ethnische Zugehörigkeit. Wie sich diese Faktoren auf die Entwicklung von Lesekompetenz auswirken, dazu haben die Schulleistungsstudien der letzten zwei Jahrzehnte Auskunft geben können. Vor allem die soziale Schicht, aus der ein Schüler, eine Schülerin stammt, ist in statistischer Hinsicht ausschlaggebend für seinen oder ihren Schulerfolg und im Besonderen für das Ausmaß seiner oder ihrer Lesekompetenz. Die Geschlechtsunterschiede bei der Leseleistung fallen im Vergleich zu den Schichtunterschieden erheblich kleiner aus. Mädchen zeigen schon früh etwas bessere Leseleistungen und deutlich höhere Lesemotivation dann, wenn die Schichtzugehörigkeit statistisch neutralisiert wird. Diese Differenz zwischen den Geschlechtern bleibt die Schullaufbahn hindurch bestehen. Die statistischen Leistungsdifferenzen entlang der Schicht- und, deutlich schwächer, der Geschlechtszugehörigkeit bilden sich auch in unserem Schulsystem ab: vom Gymnasium über Real-, Gesamt- und Förderschule sind die Lesekompetenzen statistisch parallel zu den sozialen Schichten verteilt. In den Schulformen für schwächere SchülerInnen sind die Jungen etwas überproportional vertreten, im Gymnasium entsprechend die Mädchen. Zu der dritten zentralen Weichenstellung, der ethnische Zugehörigkeit, können Auskünfte bezüglich der Leseleistung kaum gegeben werden, weil sich ein Migrationshintergrund hierzulande häufig mit der Zugehörigkeit zu einer niedrigeren sozialen Schicht überlappt und zugewanderte Familien in der ersten Generation das Deutsche als Zweitsprache erworben haben. Der Faktor „ethnische Zugehörigkeit" lässt sich deshalb statistisch nicht isolieren. Nach wie vor besteht am Ende der Grundschulzeit ein durchschnittlicher Leistungsabstand von etwa einem Lernjahr zwischen Kindern mit und ohne Migrationshintergrund (Bos et al. 2017).

Eine Grundlage der Lese- und Literaturdidaktik ist die Lesesozialisationsforschung, die danach fragt, wie Heranwachsende eine Identität und Praxis als LeserIn gewinnen und leben – was genau diesen Prozess verhindert oder fördert, ist schließlich eine didaktisch hoch bedeutsame Frage. Einig ist man sich in der Auffassung, dass Lesesozialisation lange vor dem Schuleintritt in der frühen Kindheit beginnt. Die wichtigste Sozialisationsinstanz in dieser frühen Phase ist die Familie. Im Laufe der Entwicklung verliert sie gegenüber den beiden weiteren großen Instanzen Schule und dann den Gleichaltrigen (Peers) an Bedeutung, bleibt aber grundlegend.

Die Frühphase der Lesesozialisation

Eine große amerikanische Meta-Studie zu Lesekompetenzen und ihrer Förderung (NICHD 2000) hat fünf wesentliche Kompetenzfelder beschrieben, von denen vier schon in der frühen Kindheit in den familiären

Kommunikationsstilen und literalen Praktiken grundgelegt werden. Nach der Studie ist von Bedeutung, wie deutlich in der frühen Kindheit schon ein *Schriftkonzept* entwickelt wird, also eine Vorstellung davon, dass Schrift Bedeutungen enthält, dass sie in Büchern und anderen Medien enthalten ist und dass sie wichtig ist. Zur Ausbildung einer solchen Vorstellung ist der alltägliche familiäre Umgang mit Schrift ausschlaggebend.

Zweitens ist der *Wortschatz* von Bedeutung für die spätere Lesekompetenz. Er entfaltet sich ab dem zweiten Lebensjahr und ist natürlich erheblich davon abhängig, wie mit dem Kind in der Familie oder der Kita sprachlich interagiert wird: Wenn Schriftsprache dabei eine Rolle spielt, beispielsweise durch das gemeinsame Anschauen von Bilderbüchern, durch Reime und Lieder oder durch situationsabstrakte Alltagserzählungen, dann ist das Angebot an neuen Wörtern und Wissensfeldern weit größer als in situationsgebundenen Sprachhandlungen wie beispielsweise „Komm mal her", „Jetzt ab ins Bett" usw. Die Konsequenzen sind enorm: Eine US-amerikanische Studie zeigt u. a., dass der Wortschatz von Dreijährigen aus Akademikerfamilien statistisch gesehen mehr als doppelt so groß ist wie bei Gleichaltrigen aus Familien, die von staatlichen Zuwendungen abhängig sind (Hart/Risley 2003).

Drittens wird bei den ganz Kleinen auch schon das *literale Textverstehen* im engeren Sinn auf den Weg gebracht: Wenn ein Erwachsener mit dem Kleinkind ein Bilderbuch anschaut, den Text vorliest, kommentiert und den kindlichen Verstehensbemühungen individuell passgenau im Gespräch weiterhilft, kann das Kind die Figuren und die Handlung imaginieren und seine eigenen Erfahrungen mit der vorgelesenen Geschichte verbinden. Gestützt wird es dabei durch Illustrationen im Buch und vor allem durch die Interaktionen mit dem kompetenten Anderen. Es lernt, Fragen zu Geschichten zu stellen und selbst Bedeutungen zuzuordnen. In diesen Situationen erfährt es zudem, dass das Lesen von Schrift bereichernd und beglückend sein kann – jedenfalls dann, wenn der oder die Erwachsene, die diese Erfahrung mit ihm teilt, seinerseits die Lektüre schätzt und genießt.

Viertens beginnen Kinder im Vorschulbereich, sogenannte *„phonologische Bewusstheit"* zu entwickeln, das heißt, ihnen wird die Lautgestalt gesprochener Sprache bewusst. Sie fangen an zu verstehen, dass ein Wort mit dem

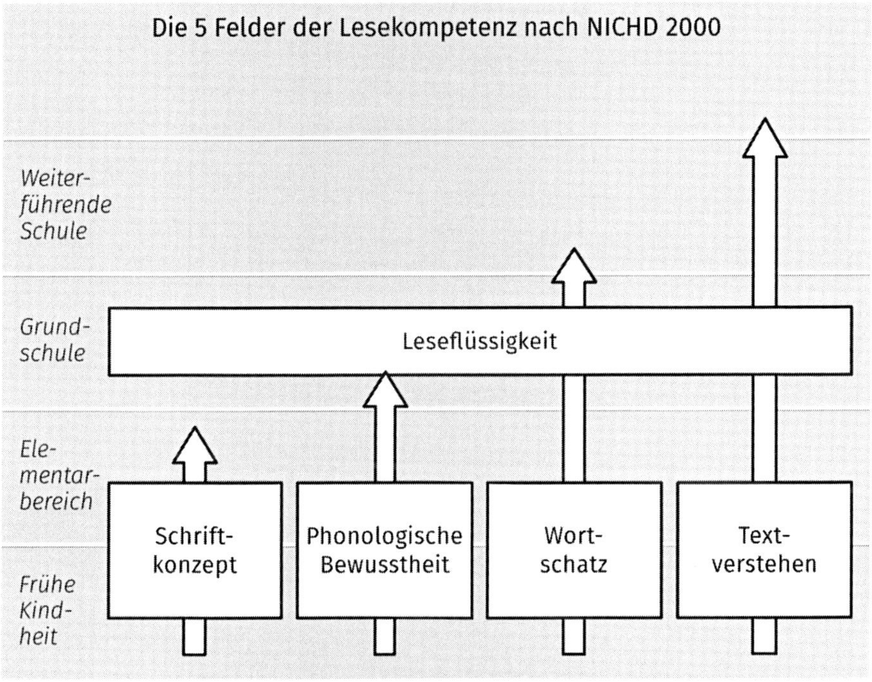

Gemeinten nicht in eins fällt; z. B. können sie erkennen, dass „Piepvögelchen“ ein längeres Wort ist als „Kuh“ (obwohl diese doch so viel größer ist als das kleine Vögelchen). Sie können Laute in Wörtern und Rhythmus in der gehörten Sprache wahrnehmen; das gelingt am besten mit Reimen und Liedern und dem Spielen mit Sprache – „Nase“ und „Hase“ sind sich lautlich ähnlich, nicht aber in der Bedeutung! Es ist eine große intellektuelle Leistung, zu erkennen, dass Wörter nicht mit dem Gemeinten in Eins fallen, und die Aufmerksamkeit auf die Sprache, nicht auf die Sache, zu richten. Phonologische Bewusstheit ist die Bewusstheit für die lautliche Gestalt der Sprache und eine wichtige Basis für den späteren Schriftspracherwerb, wie auch die anderen drei aufgezählten Bereiche Schriftkonzept, Wortschatz und Textverstehen entscheidende Größen im Bereich der sog. Vorläuferfähigkeiten des Lesens und Schreibens sind.

Noch einen fünften Bereich hat die besagte Studie als zentral für die gute Entwicklung von Lesefähigkeiten beschrieben. Er betrifft allerdings nicht die frühkindliche Sozialisation, sondern setzt nach dem Erstleselehrgang in der Grundschule an: Die Kinder müssen Leseflüssigkeit (→ 5) entwickeln, sodass sie sich beim Selber-Lesen nicht stockend und stolpernd durch die Schriftzeichen kämpfen müssen, sondern sich auf die hierarchiehöheren Komponenten des Leseprozesses (→ 3) konzentrieren können. Nur dann können sie den Text beim Selber-Lesen auch verstehen und genießen. Sie bei der Ausbildung des flüssigen Lesens zu unterstützen ist primäre Aufgabe der Sozialisationsinstanz Grundschule, die außer dieser gewissermaßen „lesetechnischen" Aufgabe auch die Lust auf Lesen, die fast alle Kinder in großem Ausmaß bei Schuleintritt mitbringen, aufrechterhalten und fördern muss.

Die Bedeutung von Ko-Konstruktionsprozessen

Gespräche während des Lesens oder über Gelesenes wie beispielsweise die oben beschriebenen Vorlesedialoge bei der gemeinsamen Bilderbuch-Lektüre nennt man Anschlusskommunikation. Sie bietet außerordentlich intensive Erfahrungs- und Lerngelegenheiten eigentlich in jedem Lebensalter. Man könnte die gesamte Schule als Institution beschreiben, die von den Erwachsenen eingerichtet wird, um mit der nächsten Generation Anschlusskommunikation an Texte zu betreiben. Wenn es um Gespräche im Literaturunterricht geht, werden wir auf dieses Thema zurückkommen (→ 12).

Anschlusskommunikation an Lektüre geschieht nicht notwendig durch explizite Erklärung oder Belehrung. Beispielsweise beim Bilderbuch-Vorlesen genießt ja auch der Erwachsene die Gemeinsamkeit mit dem Kind, teilt gerne sein Erstaunen, seine Fragen und Kommentare zu einer gemeinsamen sprachlichen Fiktion, und vermittelt auch die eigenen Wahrnehmungen und Gedanken, soweit sie dem Kind zugänglich sind. Belehrungsabsichten verfolgt der Erwachsene idealer Weise nicht, denn das Kind ist eigenaktiv, es konstruiert eigenständig Sinn, umso reichhaltiger, je besser es dabei unterstützt wird. Diese Vermittlung, Aneignung und auch Elaboration von Gedanken oder Einstellungen in sozialen Interaktionen nennt man „Ko-Konstruktion". Damit ist gemeint, dass mentale Konstruktionen von Inhalten in der sprachlichen Interaktion zum Ausdruck gebracht und vom Partner aktiv innerlich nachgebildet und ggf. weiterbearbeitet werden. Bei Vorlesesituationen mit jungen Kindern kann man das, wie gesagt, besonders gut beobachten. Der Begriff Ko-Konstruktion ist aber umfangslogisch viel weiter angelegt: Ko-konstruiert, also aktiv geistig übernommen und weitergedacht, wird bei jeglichem

Austausch über Texte. Ko-konstruiert werden aber auch Bedeutungen im weiteren Sinn, beispielsweise auch Bildungsnormen durch soziale Gruppen. Heute gilt z. B., dass Lektüre für jedermann und besonders für Heranwachsenden wichtig und bildend ist – ganz anders als im 19. und noch in der Mitte des 20. Jahrhunderts, als Leselust unter den Kampfbegriffen „Schmutz und Schund" als potentiell jugendgefährdend galt. Heute dagegen gilt Lesen unabhängig von den Inhalten rundherum als gutes und nützliches Tun. Solche kulturellen Normen – z. B. „Kinder und Jugendliche müssen lesen" – transformiert sich beispielsweise über Medien durch Ko-Konstruktion in soziale Gruppen, z. B. in Familien, die sie wiederum ko-konstruktiv an ihre Kinder weitergeben. So vollzieht sich Sozialisation. Aber sie lässt durchaus Raum für Eigensinn!

Lesesozialisation in der späten Kindheit und der Jugend

Der Prozess der Lesesozialisation ist mit der frühen Kindheit, dem Vorschulalter und auch dem Grundschulalter noch lange nicht abgeschlossen; letztlich vollzieht sich Sozialisation über die gesamte Lebensspanne. In Kindheit und Jugend werden allerdings die Weichen für den Verlauf der Lesesozialisation gestellt: Insbesondere die biografische Lesesozialisationsforschung hat aus einer großen Anzahl von autobiografischen Berichten Einblicke in den weiteren Verlauf der Aneignung von Lesekompetenz gewonnen. Sie beobachtete, dass in glückenden Verläufen in der späten Kindheit, also etwa ab dem 9. Lebensjahr, das Lesen eigenständig wird, das heißt: Die Kinder sind nun nicht mehr darauf angewiesen, dass sie in der Schule und ggf. zu Hause von Eltern und Lehrern ausgewählte und portionierte Texte als Aufgabe bekommen. Nun entwickeln sie eigene Lesebedürfnisse, die sie durch selbstständige Lektürepraktiken befriedigen können, ggf. unterstützt durch die Familie, die Stadtbücherei oder die Gleichaltrigen. Die Fähigkeiten, die den eigentlichen Leseakt gleichsam umgeben – sich mit Textsorten auskennen, literale Probleme erkennen und selbstständig lösen können – solche lesekulturellen Fähigkeiten eignen sie sich in diesem Zuge an. Und die meisten Kinder lesen außerordentlich viel im Alter zwischen etwa 10 bis 13 Jahren! Diese Beobachtung war schon in dem alten Konzept der „Buchreife" enthalten.

Die Autonomisierung des Lesens in der späten Kindheit ist ein zentraler Entwicklungsschritt der Lesesozialisation; denn nun können die Kinder zumindest prinzipiell Texte nutzen, um eigene Ziele zu erreichen und Probleme zu lösen, wie es in der Lesekompetenz-Definition durch PISA gefordert ist. Statistisch gesehen lesen Menschen im Laufe ihres Lebens nie mehr so viel in ihrer Freizeit wie in der späten Kindheit. Doch das gilt für den Erhebungszeitraum Ende des letzten Jahrhunderts und für Angehörige der Mittelschicht, von denen diese Daten erhoben wurden. Kinder und Jugendliche aus dem „Bildungskeller" (Volz 2005) – also jene etwa 20 %, die in den Schulleistungsstudien als die schwächsten LeserInnen beschrieben werden – entwickeln, statistisch gesehen, keine nachhaltige persönliche Lesekultur. Ihre Lesepraxis löst sich kaum von dem Pflichtlesen, das die Schule fordert. Entsprechend ist ihr lesebezogenes Selbstkonzept (→ 3) meist negativ gepolt, d. h.: Lesen ist für sie nur eine Schulangelegenheit, es ist mühsam, es bedeutet im Wesentlichen fremdbestimmtes Lernen. Dazu kommt, dass sie anspruchsvollere Texte meiden, weil sie sie schlecht verstehen. Denn der Leseprozess ist für sie oft noch im hierarchieniedrigen Bereich der Wort- und Satzidentifikation mühsam – und er ist noch immer so mühsam, weil sie das Lesen schon früh vermieden und entsprechend wenig Übung haben. Ein Teufelskreis! Die Schule ist die einzige Instanz, die ihn unterbrechen kann, indem sie die Entwicklung der Lesekompetenz ins Zentrum ihrer Bemühungen stellt und Zugänge zu Texten schafft, die den Interessen dieser Schülerinnen und Schüler entgegenkommen. Der Deutschunterricht kann das nicht allein schultern – auch die Lehrpersonen in den Fächern müssen für ihre Domänen Lesefachleute sein!

Aber auch bei den bildungsnäher aufwachsenden Kindern kommt die Phase lustvoller Kinderlektüre mit der Pubertät in eine Krise. Diese Lesekrise kann in den Dokumenten der Lesesozialisationsforschung regelmäßig nachgewiesen werden. Die schlichten wunscherfüllenden Kinderbücher entsprechen nun nicht mehr dem Weltverhältnis der Jugendlichen, und oft bricht das Freizeitlesen in dieser Phase ganz ab. Um es konkret auszudrücken: Während am Ende der Grundschulzeit und in der Förderstufe eine literarische Buchlektüre im Deutschunterricht im Großen und Ganzen unproblematisch ist, gelingt es in der darauffolgenden Phase kaum, einen Text zu finden, dem nicht die Hälfte der Klasse mit Unwillen begegnet. In dieser Altersstufe um die achte und neunte Klasse herum ist der Literaturunterricht besonders gefordert, das Freizeitlesen der Schülerinnen und Schüler „in Rufnähe" zu halten. Er muss also nicht nur das lite-

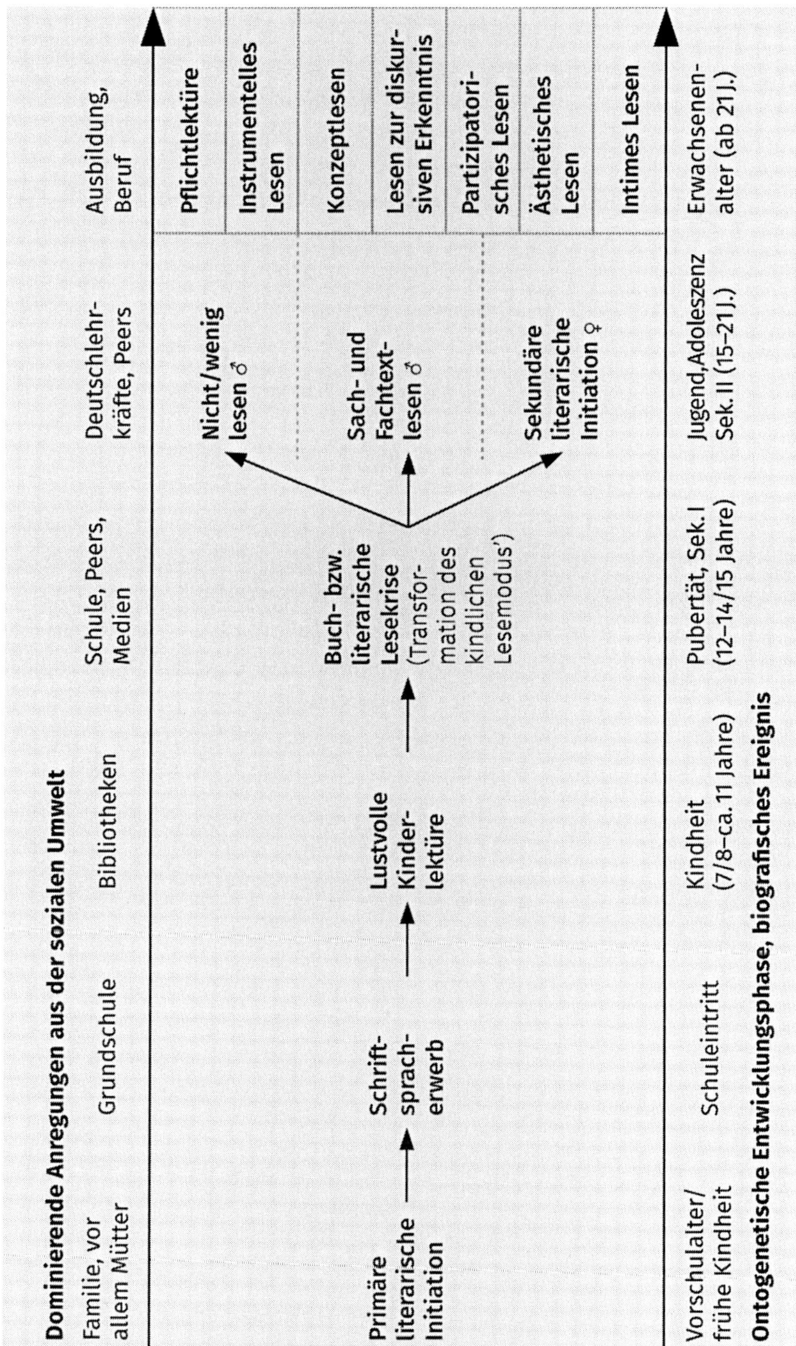

Prototypisches Verlaufsschema einer gelingenden Lesesozialisation von Personen aus bildungsnahen Elternhäusern. In: Philipp 2008, S. 15.

rarische Lernen betreiben, sondern auch einen Neuanfang des persönlichen Lesens animieren durch Lesestoffe, die in dieser neuen Lebensphase interessant werden, durch Gespräche über vielfältige Texte und durch Beteiligungsangebote an anregenden Projekten zu Büchern.

Nach dieser „literarische Pubertät“ genannten Krise haben viele junge Leute das Lesen aus freien Stücken ganz aufgegeben. Andere haben spezifische Lesehaltungen entwickelt: Sie lesen mit bestimmten Funktionen, beispielsweise um den Alltag „abzuschalten“ (intimes Lesen), um an einer bestimmten sozialen Gruppe teil zu haben (partizipatorisches Lesen) oder um spezifische Interessen zu verfolgen (Konzeptlesen). Wer alle in der Grafik angeführten Lesehaltungen auch außerhalb von Bildungsinstitutionen weiter pflegt, liest tatsächlich sehr ausgeprägt! Statistisch lässt sich nun eine Trennung der Leseprofile zwischen den Geschlechtern erkennen: Schon seit dem 19. Jahrhundert und bis in die Gegenwart ist ausgeprägtes belletristisches oder literarisches Lesen eine Domäne der Frauen. Männer neigen stärker zu Sachtextlektüre. Das würde sich wohl ein wenig relativieren, wenn man die Kategorien für Sach- und literarische Texte präziser fassen würde: Liefert beispielsweise die „Sport Bild“ wirklich Sachtexte? Aber die Tendenz bleibt durchaus statistisch sichtbar. Sie ist, wie gesagt, historisch tief und auch biografisch bedeutend: Leseerfahrungen sind Lebenserfahrungen. Ein guter Literaturunterricht muss den Weg zu diesem Modus des Erfahrens möglichst allen eröffnen.

Wir fassen zusammen:

Um uns der Frage zu nähern, wie Lesekompetenz erworben wird, haben wir Erkenntnisse der *Lesesozialisationsforschung* wiedergegeben. Sie zeigt, dass die Wege zum (Nicht-)Lesen eines Kindes bereits vor Schulbeginn eingeschlagen werden. Schon das familiäre Kommunikationsklima in der frühen Kindheit, z. B. im Umgang mit Printmedien und insbesondere die sprachlichen Interaktionen mit dem Kind, stellen Weichen für die späteren literalen Lernprozesse. Im Hinblick auf das Lesen gewinnen die Sozialisationsinstanzen Schule und Peer-Group in der Folge an Bedeutung. Das Hineinwachsen in gewohnheitsmäßiges Lesen wird als Folge von Ko-Konstruktionsprozessen der Heranwachsenden mit ihrer sozialen Umwelt vor dem Hintergrund von Entwicklungsprozessen verstanden. Zentrale Faktoren von Lesesozialisationsverläufen sind vor allem die Zugehörigkeit zu einer sozialen Schicht und in zweiter Linie das Geschlecht.

Welche Anforderungen stellt das an die Lehrperson? Welches Wissen, welches Können braucht sie?

Lehrpersonen sollten aufmerksam für die persönliche Lesepraxis ihrer SchülerInnen sein, insbesondere in den genannten biografisch kritischen Phasen: Findet das Kind oder der Jugendliche zu eigenständigem Lesen am Ende der Grundschulzeit? Gelingt ihr oder ihm der Wiedereinstieg in selbstständiges literarisches oder Sachtext-Lesen nach der Pubertät? Von Lehrpersonen darf gefordert werden, dass sie sich in der aktuellen Kinder- und Jugendliteratur auskennen und individuelle Lesetipps geben können, dass sie anregende Projekte mit der ganzen Klasse initiieren und dass sie das individuelle Lesen kompetent begleiten können!

Zum Weiterlesen:

Graf, Werner (2007): Lesegenese in Kindheit und Jugend. Einführung in die literarische Sozialisation. Baltmannsweiler: Schneider Hohengehren.

Garbe, Christine; Holle, Karl; Salisch, Maria von (2006): Entwicklung und Curriculum: Grundlagen einer Sequenzierung von Lehr-/Lernzielen im Bereich des (literarischen) Lesens. In: Norbert Groeben; Bettina Hurrelmann (Hrsg.): Empirische Unterrichtsforschung in der Literatur- und Lesedidaktik. Ein Weiterbildungsprogramm. Weinheim und München: Juventa, S. 115–154.

Philipp, Maik (2011): Lesesozialisation in Kindheit und Jugend. Lesemotivation, Leseverhalten und Lesekompetenz in Familie, Schule und Peer-Beziehungen. Stuttgart: Kohlhammer.

Pieper, Irene (2010): Lese- und literarische Sozialisation. In: Michael Kämper-van den Boogaart; Kaspar H. Spinner (Hrsg.): Deutschunterricht in Theorie und Praxis, Band 11/1: Lese- und Literaturunterricht. Baltmannsweiler: Schneider Hohengehren, S. 87–147.

5 · Wie lassen sich Leseleistungen gezielt verbessern?

Lesen lernt man durch lesen ... So sagt man. Und es stimmt ja auch für einen beträchtlichen Teil der Kinder: Nach dem unmittelbaren Schriftspracherwerb und ein bisschen Übung fangen sie bald an, sogenannte „Erstlesetexte" eigenständig zu lesen, kleine Bücher mit kurzen, handlungsstarken Geschichten und einfacher sprachlicher Oberfläche. Wenn sie Geschmack an Kinderlektüre und Unterstützung in ihrem Umfeld finden, ist ihre Lesesozialisation auf einem guten Weg. Allerdings bekommen auch SchülerInnen, die in den ersten Schuljahren das flüssige Lesen unproblematisch erwerben, durchaus Probleme beim Verstehen komplexer Texte, das ja später in den Schulfächern gefordert sind. Dass man kompetentes Lesen allein durch ungesteuerte Übung lernt, stimmt schon gar nicht für dasjenige Fünftel der Heranwachsenden, die kaum Zugang zu Texten finden. Sie bleiben schon in der Grundschule hinter den Fortschritten der Gleichaltrigen zurück und bekommen zunehmend Schwierigkeiten mit schulischen Ansprüchen an die Textverarbeitung (→ 4).

Dass Lesen weit über die ersten Schuljahre hinaus systematisch gelehrt und gefördert werden muss, haben wir in den vorangegangenen Kapiteln begründet. Und dass nicht ein einziges Verfahren der Leseförderung alle vorkommenden Leseprobleme aufgreifen und bearbeiten kann, ergibt sich aus dem didaktisch orientierten Lesekompetenzmodell (→ 3): Denn dort wurden unterschiedliche Teilleistungen beschrieben, die jedoch alle notwendig sind für verstehendes Lesen. Je nachdem welche Teilleistung vorrangig gefördert werden soll, lassen sich entsprechend unterschiedliche Verfahren fokussieren.

Wie lassen sich Leseleistungen gezielt verbessern? Wenn man das „gezielt“ in dieser Frage ernst nimmt, dann kommen vor allem zwei unterrichtliche Verfahren in Betracht: Lautlesetrainings und Strategietrainings. Denn auf der Prozessebene kann man unterscheiden zwischen Verfahren, die auf den Erwerb einfacher, sogenannter hierarchieniedriger Leistungen zielen, also auf die Wort- und Satzidentifikation, und denjenigen, die das Verstehen von Texten über die Satzebene hinaus fördern sollen.

Leseflüssigkeit fördern durch Lautleseverfahren

Flüssig liest, wer etwa mit der Geschwindigkeit und Intonation vorlesen kann, mit der er oder sie auch sprechen kann. Das ist natürlich nicht am Beginn der Beschulung gegeben; die Kinder lautieren zunächst nur Silben oder kurze Wörter, sie kämpfen sich Wort für Wort durch einen Satz und haben dessen Anfang vergessen, bis sie an sein Ende gelangt sind. Eine durchgehende Aufgabe der ersten Schuljahre liegt aus Sicht der Lesedidaktik darin, flüssig auch längere einfache Texte lesen zu lernen. Lehrpersonen sollten die Entwicklung der Leseflüssigkeit ihrer SchülerInnen beobachten und, falls erforderlich, fördern können; das gilt nicht nur für die Grundschule und die Förderstufe, sondern, vor allem jenseits des Gymnasiums, bis hin zum mittleren Abschluss.

Was unter Leseflüssigkeit zu verstehen ist, wurde systematisiert: Das Konstrukt Leseflüssigkeit umfasst die Fähigkeit zu 1) automatisierten, 2) genauen, 3) angemessen schnellen und 4) sequenzierenden lauten und leisen Lektüre.

Leseflüssigkeit

Wortebene:
1) Automatisierung
2) Genauigkeit

Satzebene:
3) Geschwindigkeit
4) Sequenzierung

Zur Automatisierung: Wortbestandteile, Wörter, sogar Wortgruppen müssen erkannt, nicht erlesen werden, was bedeutet: Wie bei einer sonstigen Wahrnehmung auch genügt bei automatisierter Wort- und Satzerkennung ein Blick, um sie zu erfassen. Silben oder Wörter werden dann nicht mehr lautierend erlesen, wenn sie im sogenannten „Sichtwortschatz" niedergelegt sind, also einem mentalen Lexikon, in dem die Schriftgestalt, die Lautgestalt und die Bedeutung eines Wortes zusammengebunden gespeichert sind. Bei sehr frequenten, kurzen Wörtern – z. B. den Artikeln oder „und" – gelingt das Kindern schon recht früh, und diese Wörter werden nicht mehr stockend entziffert. Für weitere Wörter und Wortgruppen ist der Aufbau des Sichtwortschatzes ein kumulierender Lernprozess, der bis weit in die Jugend reicht.

Zweitens müssen die Wörter fehlerfrei erfasst werden – oft ist es ja nur ein Buchstabe, der Präsens von Präteritum, Singular von Plural usw. trennt. Unbemerkte Lesefehler während der Lektüre gefährden schnell das Textverstehen. Drittens muss all das in einer angemessenen Geschwindigkeit geschehen. Denn das Arbeitsgedächtnis hat eine begrenzte Reichweite – wenn wir Wort für Wort langsam nacheinander erlesen, können wir lokale Kohärenz, also den Zusammenhang zwischen Satzteilen oder Sätzen, nicht mehr herstellen, weil zuvor Gelesenes aus dem Arbeitsgedächtnis ‚herausgefallen' ist. Und schließlich müssen viertens Wortgruppen sinngemäß zusammengebunden und ausgesprochen werden. Dieser letzte Aspekt beschreibt, genau genommen, schon die Herstellung lokaler Kohärenz, weil er ein Anzeichen für das Verstehen des Satzzusammenhangs ist. Diese vier Bestandteile ergeben das Konstrukt „Leseflüssigkeit".

Wie wichtig die Automatisierung der Worterkennung ist, kann man sich am Beispiel anderer komplexer menschlicher Kompetenzen klar machen, etwa an der Fähigkeit, ein Musikinstrument zu spielen: Nur wenn die Finger beim Klavierspielen „von alleine" wissen, welche Taste gedrückt werden muss, kann sich der Pianist auf die Melodie konzentrieren und sie gestalten – wenn er immer bewusst entscheiden muss, welcher Finger nun die nächste Note spielt, vollzieht sich der ganze Prozess stockend und der Zusammenhang zwischen einzelnen Noten, nämlich die Melodie, kann nicht aktiv nachvollzogen und gestaltet werden. So ist es auch bei der Automatisierung der Satzerkennung beim Lesen: Wer sich auf das Entziffern von Wörtern konzentrieren muss, hat kaum kognitive Ressourcen frei, um ihre Zusammenhänge und damit die Textbedeutung zu bilden.

Wie alle Automatisierungsleistungen wird auch die automatisierte Wort- und Wortgruppenerkennung sukzessive durch Übung aufgebaut, also durch die aufmerksame wiederholte Wahrnehmung der Schriftgestalt eines Wortes und ihre aktive mentale Verknüpfung mit der Lautgestalt und der Bedeutung. Im Laufe der ersten vier Schuljahre sollte der Grundwortschatz in dieser Weise mental verankert sein, sodass Texte, deren Vokabular im Grundwortschatz verbleibt, mühelos und flüssig vorgelesen werden können. Sie können dann beim Vorlesen in etwa so sequenziert und intoniert werden und etwa so schnell ausgesprochen werden wie es auch beim spontanen Sprechen der Fall ist. Wer einem Kind beim Vorlesen eines altersgemäßen Textes mit Aufmerksamkeit auf die vier Komponenten der Flüssigkeit zuhört, kann leicht diagnostizieren, ob es zusätzliche Förderung braucht. (Anleitungen zur Diagnostik von Flüssigkeit s. Rosebrock et al. 2017.)

Wenn Kinder bei der Entwicklung von Leseflüssigkeit zurückbleiben, hilft gezieltes Üben. Allerdings sollte es unterstützt und kontrolliert werden;

Leseflüssigkeit beobachten

Diese Beobachtung	*weist auf:*	*Probleme mit der …*
Stocken von Wörtern	→	Automatisierung
unkorrigierte Fehler	→	Genauigkeit
deutlich langsamer als das freie Sprechen	→	Geschwindigkeit
Wort-für-Wort-Lesung, kleine Wortgruppen	→	Sequenzierung

denn nicht-flüssiges Lesen ist eine anstrengende mentale Tätigkeit, und schwache Leser neigen dazu, still eben nicht zu lesen, sondern nur auf die Seite zu blicken und einzelne Elemente zu erlesen, ohne ausreichende Zusammenhänge zu bilden. Entsprechend sollten die Leseübungen (halb-)laut und möglichst mit einer Partnerin oder einem Partner erfolgen. Es gibt eine große Anzahl von erprobten Lautlese-Übungsformen (vgl. Kutzelmann/Rosebrock 2018). In Einzelsettings kann beispielsweise das Kind mit einem Erwachsenen chorisch oder abwechselnd ein Buch lesen. Als effektiv im Klassenverband hat sich ein kooperatives Verfahren erwiesen, sogenannte Lautlesetandems. Die Kinder lesen zu zweit (halb-)laut chorisch und mehrfach kurze Texte von 100 bis 200 Wörtern. Sie hören einander dabei und bemerken und korrigieren Fehler des jeweils anderen. Nach mehreren Durchgängen sollten beide den Text flüssig und fehlerfrei lesen können und die zuvor grafisch unbekannten Wörter im Sichtwortschatz angeeignet haben (vgl. Rosebrock et al. 2017). Besonders bewährt haben sich Lautlesetandems bei leseschwachen Schülerinnen und Schülern in der Förderstufe: Durch ein halbjähriges Training mit dreimal 20 Minuten Übungszeit in der Woche konnten sie ihre Leseflüssigkeit und auch ihr Textverstehen gegenüber Kontrollgruppen signifikant verbessern (Rosebrock et al. 2010).

Sie konnten nicht nur die Leseflüssigkeit, sondern auch ihr generelles Textverstehen durch dieses Training verbessern – wie denn das? Es wurde doch nur das flüssige Lesen trainiert! Tatsächlich verbessern Lautleseübungen bei defizitären LeserInnen nicht nur ihre Flüssigkeit, sondern sie bewirken auch besseres Textverstehen. Mit diesem empirisch bestätigten Phänomen lässt sich das oben bereits angesprochene Theorem der Lesetheorie belegen: Leseflüssigkeit hat Voraussetzungscharakter für die hierarchiehöheren Leistungen beim Lesen. Nur wenn die Wort- und Satzidentifikation durch die Übung weitgehend mühelos geworden ist, muss der Lesende nicht mehr zwischen der Identifikation der Schriftzeichen und ihrer Weiterverarbeitung mental hin und her switchen: Kognitive Ressourcen sind frei geworden, die für das Textverstehen eingesetzt werden können.

Textverstehen fördern durch Lesestrategietrainings

Es gibt allerdings auch die Schülerinnen und Schüler, die einen Text in befriedigender Geschwindigkeit, Genauigkeit und Intonation vorlesen können, die aber, fragt man sie nach dem Inhalt, nicht mehr als Stichwörter angeben können. Sie sind ausreichend leseflüssig – aber es mangelt an Textverstehen. Dass sie lokale Zusammenhänge innerhalb der Sätze bilden, zeigt ihre zureichende Satzsequenzierung. Aber offensichtlich verarbeiten sie die lokalen Kohärenzen nicht weiter zu einem globalen Textverstehen. Hier setzen Lesestrategietrainings an.

Unter dem Begriff „Strategietraining" werden Verfahren gefasst, mit denen die Fähigkeiten, Texte umfassend zu verstehen und mit bzw. aus ihnen zu lernen, verbessert werden sollen. Lesestrategien sind prinzipiell bewusstseinsfähige, aber bei guten LeserInnen oft automatisierte mentale Handlungsfolgen, die gezielt und adaptiv eingesetzt werden, um Textverstehen zu erreichen (vgl. Gold 2018).

Beim kompetenten Lesen erfolgen einzelne mentale Schritte – wie z. B.: einen Zusammenhang zwischen zwei Textaussagen herstellen – bei einfachen Texten automatisiert, also unterhalb der Bewusstseinsschwelle. Aber bei komplexen müssen diese kognitiven Verarbeitungshandlungen bewusst durchgeführt, kombiniert und koordiniert werden. In der Forschung hat man durch die Beobachtung kompetent Lesender drei Gruppen von Strategien während des Leseprozesses unterschieden: ordnende, elaborierende und wiederholende (s. Kasten). Sie werden zielbezogen eingesetzt, um den Text „zu knacken", also die eigenen Leseziele zu erreichen. Leseziele bestehen, generell formuliert, darin, Kohärenz – also einen internen Zusammenhang der Aussagen – und Relevanz, also Bedeutsamkeit, in der Lektüre zu erreichen. Diese Ziele im Leseprozess zu verfolgen und Verstehensprobleme dabei fortlaufend zu bearbeiten – das ist strategisches Lesen.

Es genügt allerdings nicht, solche ordnenden, elaborierenden oder wiederholenden Lesestrategien zu kennen. Für strategische Textarbeit braucht es darüber hinaus Metakognition: Der Prozess muss geplant werden (Was soll der Text für mich leisten?), er muss überwacht werden (Ich muss das mir jetzt mal aufzeichnen, um es klar zu kriegen.) und schließlich evaluiert werden (Habe ich den Zusammenhang und seine Bedeutung begriffen?). Wenn SchülerInnen z. B. aus Lehrtexten „nicht lernen können", also keine Vorstellung davon haben, wie sie sich einen Wissensbereich lesend aneignen können, dann fehlt es ihnen an der Fähigkeit, effektiv Lese-

Lesestrategien

„Lesestrategien anwenden" ist ein etwas martialischer Ausdruck für „Sich das Geschriebene bewusst klar machen". Der Begriff beschreibt, dass Leser und Leserinnen die verschiedenen Einzelaussagen des Textes während des Lesens geistig ordnen, entfalten und in ihr Wissen integrieren. Er macht darauf aufmerksam, dass die Verarbeitung aktiv während des Leseprozesses – nicht erst hinterher – geschieht und dass sie zielgerichtet ist, nämlich orientiert auf das Verstehen des Textes als Ganzem.

In der Regel unterscheidet man drei Gruppen von Lesestrategien:

- Mit **ordnenden** Lesestrategien, z. B. Markierungen von besonders Wichtigem oder Zusammenfassungen von Abschnitten, macht man sich den Aufbau des Textes klar.
- Mit **elaborierenden** Lesestrategien, z. B. Fragen an den Text stellen oder eigene Erfahrungen assoziieren, entfaltet man besonders dichte Texte oder Abschnitte.
- Mit **wiederholenden** Lesestrategien, z. B. noch einmal lesen oder einen Absatz mit eigenen Worten wiedergeben, überwindet man lokale Verstehensprobleme.

Je nachdem, wie anspruchsvoll der Text im Verhältnis zum Vorwissen des Lesenden ist, ist der mehr oder weniger bewusste Einsatz von Strategien erforderlich. Wenn er bewusst gesteuert werden soll, geschieht das durch **metakognitive** Strategien, z. B. die Vollständigkeit des Verstehens überwachen.

Bei einfachen Texten, z. B. Märchen, kennen Kinder in der Regel die Figuren und das Muster des Handlungsverlaufs, so dass sie kaum bewusste Verstehensanstrengungen unternehmen müssen. Anders bei Texten, die unbekannte Konzepte von Gegenständen oder Verläufen voraussetzen: Sich solche Texte zu erarbeiten heißt, bewusst Lesestrategien anzuwenden.

strategien einzusetzen – wahrscheinlich fehlt es darüber hinaus auch am Engagement, das solche Textarbeit fordert (→ 6).

Strategisches Lesen ist ein Können, kein Wissen. Die Vermittlung ist entsprechend nicht damit getan, den Schülern eine Anzahl von Techniken wie Unterstreichen oder Wiederholen zu erklären, obwohl oft beispielsweise die Aufforderung „Unterstreiche Wichtiges!" fälschlich als Strategie benannt wird. Das Unterstreichen wird zum äußerlichen Ausdruck von Strategieeinsatz nur dann, wenn wichtige Textaussagen im Blick auf das Leseziel, nämlich Kohärenz herzustellen, bewusst identifiziert und deshalb unterstrichen werden. Die Herausforderung in den konkreten Leseakten besteht darin, die spezifische Schwierigkeit des Textes wahrzunehmen und durch passenden Strategieeinsatz eigenständig reagieren zu können, um die Ziele des Lesens – Kohärenz und Relevanz – zu erreichen. Die möglichen inhaltlichen Schwierigkeiten sind außerordentlich vielfältig, und ein mechanisches Anwenden einer Handvoll Lesetechniken auf jeden Leseakt, das manche Verfahren empfehlen, kann eigentlich nur ins Leere laufen.

Um SchülerInnen den passenden Strategieeinsatz zu vermitteln und ein Stück weit einzuüben, gibt es eine Anzahl von Strategietrainings auf dem Markt, die sich lehrgangsartig über einige Wochen erstrecken. Bekannt sind beispielsweise die „Textdetektive" (Gold et al. 2004) oder „Captain Carlo" (Spörer et al. 2016). Einige Techniken wie Unterstreichen, Fragen stellen, Zusammenfassen usw. werden dort anschaulich erklärt, in Arbeitsheften üben die SchülerInnen sie anhand gegebener Texte ein. Es gibt aber auch Verfahren, die im Unterricht mit dem regulären Lesestoff durchgeführt werden können; beispielsweise das kooperative „reciprocal teaching", bei dem die SchülerInnen sich in Kleingruppen miteinander angeleitet die Texte erarbeiten, die der Unterricht gerade fordert (Demmrich/Brunstein 2004, Philipp 2015, 101 ff.). Aber, wie gesagt: Strategisches Lesen ist ein Können – wer sich als Erwachsener im Studium oder Beruf komplexe neue Sachverhalte aneignen muss, weiß um die Anstrengung, die das mental erfordert. Die Vermittlung im Schulkontext fordert in erster Linie imitierendes Lernen, bei dem die Lehrperson mittels „Lautem Denken" anschaulich vorzeigt, durch welche mentalen Handlungen konkrete Verstehenshürden bei einem vorliegenden Text überwunden werden können.

Wer noch stockend, langsam und fehlerhaft liest, muss sich auf die Wortebene konzentrieren und hat kaum mentale Kapazitäten frei, um das Gelesene weiter zu verarbeiten. Genau diese Kapazitäten fordern aber Strategietrainings ein. Um es mit den drastischen Worten eines Deutschlehrers auszudrücken: „Die Hälfte" seiner sechsten Gesamtschulklasse hätte „genauso gut kicken gehen können", statt das Strategietraining zu durchlaufen, das er mit ihnen durchführte. Er erkannte in einer Fortbildung zur systematischen Leseförderung, warum er mit seinem Förderangebot für etliche seiner SchülerInnen keinen Erfolg hatte: Er setzte mit seiner Förderung zu hoch an.

Wir fassen zusammen:

Wenn gezielt Teilleistungen des Lesens gefördert werden sollen, kommen zwei Verfahrensgruppen in Betracht: Zum einen kann die Weiterentwicklung der Leseflüssigkeit angestrebt werden, also der hierarchieniedrigen, gleichsam „technischen" Lesefertigkeiten. Leseflüssigkeit wird durch Übung erworben; leseschwache SchülerInnen lesen dafür laut und werden dabei idealer Weise durch einen Lesepartner unterstützt, der kontrolliert, ein Modell bildet und die Aufmerksamkeit aufrecht zu erhalten hilft. Falls die Leseflüssigkeit jedoch befriedigend ausgebildet ist, ohne dass das Textverstehen ausreicht, müssen die hierarchiehohen Teilkompetenzen durch die Vermittlung von Lesestrategien weiterentwickelt werden. Dafür gibt es auf dem Markt gezielte Trainingshefte; auch Deutschbücher weisen im Kontext von „das Lernen lernen" auf Techniken hin, die strategisch beim lernenden Lesen eingesetzt werden sollen. Strategisches Lesen verlangt vom Lernenden Zielorientierung und mentales Engagement für den eigenen Verstehensprozess und von Lehrkräften die Fähigkeit, strategisches Können alters- und textgerecht zu veranschaulichen.

Welche Anforderungen stellt das an die Lehrperson? Welches Wissen, welches Können braucht sie?

Lehrpersonen müssen Förderverfahren kennen, die den Leseproblemen ihrer SchülerInnen angemessen sind, und sie adressaten- und situationsangemessen einsetzen können. Das umfasst Wissen über die Teilleistungen im Leseprozess, Beobachtungs- bzw. diagnostische Fähigkeiten, Können bei der Veranschaulichung der mentalen Prozesse durch „Lautes Denken" und auch Kenntnisse über wirksame Förderverfahren. Die Fähigkeit, u. U. in einem Klassenraum ganz Verschiedenes zu tun – adressatenangemessener Leseunterricht ist eben sehr häufig auch ein differenzierender Unterricht – kommt hinzu.

Zum Weiterlesen:

Rosebrock, Cornelia (2012): Was ist Lesekompetenz, und wie kann sie gefördert werden? http://www.leseforum.ch/myUploadData/files/2012_3_Rosebrock.pdf (Zugriff 15.6.2019).

Gold, Andreas (2018): Lesen kann man lernen. Wie man die Lesekompetenz fördern kann. 3., völlig überarbeitete Auflage. Göttingen: Vandenhoeck & Ruprecht.

Phillip, Maik; Schilcher, Anita (Hrsg.) (2012): Selbstreguliertes Lesen. Ein Überblick über wirksame Leseförderansätze. Seelze: Klett Kallmeyer.

Rosebrock, Cornelia; Nix, Daniel (2017): Grundlagen der Lesedidaktik und der systematischen schulischen Leseförderung. 8. korr. Auflage. Baltmannsweiler: Schneider Hohengehren.

6 · Wie kann man zum Literaturlesen motivieren?

SchülerInnen, die neben der Schule eifrig Kinder- und Jugendbücher lesen, entwickeln sich in aller Regel zu kompetenten LeserInnen – soweit die Statistik. Es gibt ein Zusammentreffen (eine Korrelation) zwischen umfangreichen Leseaktivitäten in der Kindheit und guter Lesekompetenz, das ist statistisch belegt. Wohl auch deswegen war, zumindest bis zum „PISA-Schock" um die Jahrhundertwende, der Begriff „Leseförderung" im Wesentlichen deckungsgleich mit Verfahren der Leseanimation. Animieren zum Lesen sollen anregende und abwechslungsreiche Projekte rund um altersgerechte Literatur: Beispielsweise eine „Lesenacht" in der Schule, Bücherkisten in der Klasse, Bücherausstellungen zu einem Thema oder einer AutorIn, SchülerInnen-Literaturzeitungen, Buchvorstellungen, Büchereibesuche, Autorenlesungen und vieles mehr. All diesen Verfahren ist gemeinsam, dass es in ihrem Rahmen um passende Kinder- und Jugendliteratur geht, für deren Lektüre geworben wird. Aber es wird bei leseanimierenden Verfahren nicht vor Ort und tatsächlich gelesen. Man geht vielmehr davon aus, dass diese Projekte die Motivation der Schüler-

Innen für eigenständige Lektüre steigern. Das soll zunächst dazu führen, dass sie neben der Schule (mehr) literarische Lektüre praktizieren, und diese Steigerung der Leseaktivitäten soll wiederum zu mehr literarischen Bildungserfahrungen führen und eine Verbesserung der allgemeinen Lesekompetenz mit sich bringen.

Es waren, wie gesagt, die mäßigen Leseleistungen deutscher SchülerInnen in den Schulleistungsstudien, die dazu geführt haben, diese Orientierung der Lesedidaktik auf animierende Verfahren zu überdenken: Wird die Lesemotivation und in der Folge die Lesekompetenz der SchülerInnen dadurch tatsächlich erreicht? Die empirische Bildungsforschung hat im Zuge von PISA die Fokussierung des Deutschunterrichts auf leseanimierende Verfahren und in der Tendenz auch die literarische Ausrichtung des Lesecurriculums scharf kritisiert: Was den SchülerInnen fehle, seien Strategietrainings, so die einhellige Auffassung der Empiriker zu den Konsequenzen aus den Erhebungen, und damit auch eine deutlichere Ausrichtung des Leseunterrichts auf Sachtextverstehen (z. B. Artelt & Schlagmüller 2004, 183).

Die Gegenargumente ließen natürlich nicht lange auf sich warten: Die Bildungsziele, die sich mit literarischem Lesen verknüpfen, sind in den Leseleistungsstudien durch die Reduktion auf einen empirisch überprüfbaren Kompetenzbegriff nicht annähernd erfasst worden. Literarisches Lesen eröffnet, so die literaturdidaktische Gegenrede, Zugänge zu sozialen, kulturellen und individuellen Erfahrungen, die in PISA nicht angemessen abgebildet werden (→ 1, 8). Aber die Frage, ob sich die Lesemotivation tatsächlich mit animierenden Förderverfahren wirksam unterstützen lässt und ob ggf. diese Motivation dann tatsächlich auch zu mehr Lektürepraxis führt, die ihrerseits positive Folgen für die Leseleistungen hat, diese Fragen haben u. E. durchaus einen kritischen Punkt der Lesedidaktik getroffen.

Womöglich kursiert in schulischen Kontexten generell ein verkürzter Begriff von Motivation? Beispielsweise beginnt jede Standard-Unterrichtsstunde mit einer kurzen „Motivationsphase", in der mit anschaulichen Materialien oder der Frage nach persönlichen Erfahrungen mit dem Unterrichtsgegenstand das Engagement der SchülerInnen für die folgenden Lernphasen in wenigen Minuten bewirkt werden soll. Dass die Effekte dieser Motivationsphase begrenzt sind, weiß allerdings jede Lehrperson. Lässt sich Motivation zu ausgiebiger Lektüre ganzer Bücher tatsächlich wirkungsvoll durch Animation herbeiführen?

Was versteht man unter Lesemotivation?

Unter Motivation versteht man „die aktivierende Ausrichtung des momentanen Lebensvollzugs auf einen positiv bewerteten Zielzustand" (Philipp 2012, 34). In der Pädagogischen Psychologie wurde ein Modell von Lesemotivation entwickelt, das sich „Erwartungs-Wert-Modell" nennt (Möller/Schiefele 2004). Zwei Komponenten waren für die Namensgebung verantwortlich: Einerseits die individuelle Erwartung, die mit einer Leseaufgabe verbunden wird: Werde ich diese Lektüre gut bewältigen können, oder werde ich scheitern? Andererseits der Wert, der der Aufgabe zugemessen wird: Verheißt diese Lektüre Vergnügen? Ist sie konkret wichtig, etwa weil sie benotet wird? Ist sie nützlich für mich, werde ich dadurch einen Gewinn haben? Wieviel Anstrengung und Zeit wird mich die Aufgabe kosten? Je nachdem, wie die konkrete Schülerin oder der konkrete Schüler diese Fragen für sich beantwortet hat, wird sie oder er motiviert sein, sich dieser Aufgabe zu widmen – oder auch nicht: Die Ausdauer, die Anstrengungsbereitschaft, das strategische Engagement im Leseprozess und auch das Ausmaß, in dem gelesen wird, hängt von solchen persönlichen Erwartungen und dem subjektiven Wert ab, die dem Lesen zugeordnet werden. Das entspricht durchaus alltagspraktischen Erfahrungen: SchülerInnen, die sich gewissermaßen von vorne herein auf eine Lektüre nicht einlassen und nur desinteressiert den Blick über die Seite streifen lassen, kennt jede Lehrperson. Und sie hat vermutlich auch die Erfahrung gemacht, dass es nicht viel hilft, die Lektüre diesen SchülerInnen gegenüber anzupreisen, mit welchen Argumenten auch immer.

Wie kommen SchülerInnen zu ihren Erwartungs- und Werthaltungen Texten gegenüber? Im Kontext des Lesekompetenz-Modells war vom lesebezogenen Selbstkonzept die Rede, einer Einstellung gegenüber Texten, die tief in der persönlichen Identität verankert ist (→ 3). Dieses Selbstkonzept liegt, bildlich gesprochen, unter der Erwartungs-Wert-Haltung in konkreten Lese-Situationen. Es ist ein Komplex motivationaler Überzeugungen, die sich aus der subjektiven Verarbeitung von literalen Erfahrungen vielerlei Art in der Biografie herausgebildet haben; in der Grafik sind

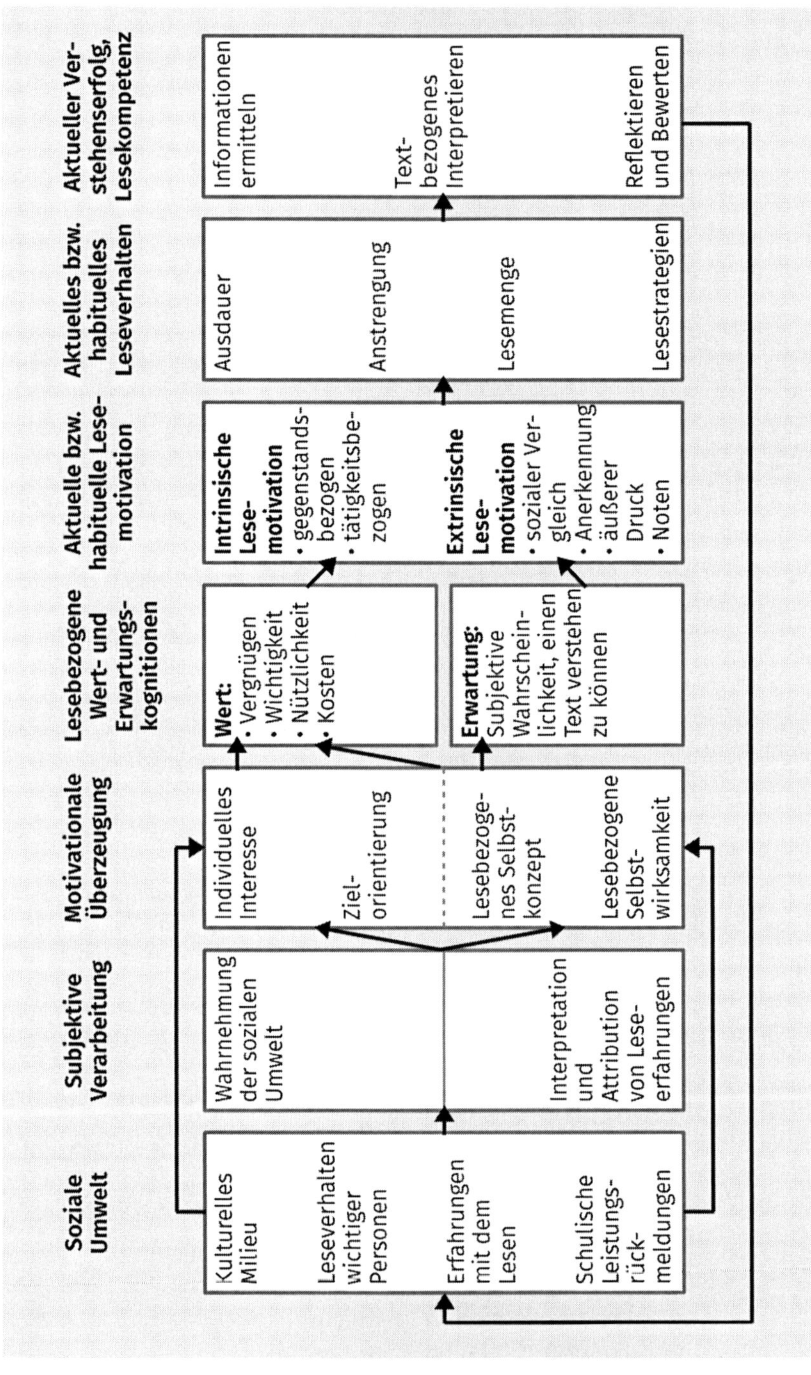

Erwartungs-Wert-Modell der Lesemotivation. In: Möller/Schiefele 2004, S. 105.

einige von ihnen angeführt. Beispielsweise ist die bewertende Einordnung (Attribution) eigener Leseerfahrungen daran beteiligt: Im negativen Fall wurden Misserfolgserfahrungen mit Lektüre dem eigenen Unvermögen zugeschrieben, etwa durch die Vorstellung „Für's Lesen bin ich nicht begabt.“, oder „Texte dieser Art verstehe ich sowieso nicht.“ Im positiven Fall hat sich die Überzeugung gebildet, persönlich das Zeug zum guten Leser zu haben. Sie kann dazu führen, sich mit Erfolgszuversicht auch dicke Bücher und schwierige Texte zuzutrauen und die entsprechende Anstrengungsbereitschaft aufzubringen.

Aber auch die Attribuierung von Leseerfahrungen kommt nicht aus dem Nichts: Sie bezieht sich ihrerseits auf das literale Klima in der Familie und der weiteren sozialen Umwelt, insbesondere der Schule, wie ebenfalls der Grafik zu entnehmen ist. Die Verarbeitung vieler Erfahrungen rund um Schrift und Lektüre führt zu motivationalen Überzeugungen, die ihrerseits die Erwartungs-Wert-Haltung des Einzelnen bestimmten und erst eine aktuelle motivationale Einstellung gegenüber einer Leseaufgabe bewirken.

Zwischen den beiden extremen Einstellungen – einer starken bzw. einer fehlenden Lesemotivation – sind natürlich viele Schattierungen vorstellbar. So bleibt die Frage bestehen: Warum sollte eine gute schulische Leseanimation nicht auf das lesebezogene Selbstkonzept dann Auswirkungen haben können, wenn die negative Polung nicht allzu verfestigt ist? Die Identitäten von Kindern sind doch noch vergleichsweise offen gegenüber neuen Erfahrungen!

Bei dieser Argumentation wird nicht berücksichtigt, dass sich Motivation und Kompetenz in enger Abhängigkeit zueinander entwickeln; die Lesesozialisationsforschung hat diese Abhängigkeit im biografischen Verlauf beschrieben (→ 4). SchülerInnen mit einem negativen lesebezogenen Selbstkonzept haben in ihrer persönlichen Lesegeschichte ggf. wenig Leseerfahrungen angesammelt, sie haben auch aktiv das Lesen vermieden, eben weil sie es nicht gut konnten. Und sie können es bis in die Gegenwart nicht ausreichend gut, weil sie es vermieden haben – Kompetenz und Motivation minimieren einander dabei wechselseitig. Wenn diesen nun 10- oder auch 15-Jährigen das Lesen von Kinder- und Jugendbüchern als interessante, bereichernde und beglückende Erfahrung schmackhaft gemacht werden soll, geschieht das leicht unter Missachtung ihrer tatsächlichen Kompetenzdefizite: Das Lesen ist für sie so mühevoll und ungewohnt, dass es kaum tatsächlich als belohnend erfahren werden kann. Vermutlich fehlen ihnen über die Fähigkeiten, die der konkrete Leseprozess fordert, und über Lesemotivation hinaus auch noch lesekulturelle Fähigkeiten: Denn für eine eigenständige Lektüre müssen sie sich auch ein passendes Buch aussuchen und beschaffen können, sie brauchen Genre-Wissen, um es einzuschätzen und sich das Verstehen zu erleichtern, und sie müssen sich einen „langen Leseatem" angeeignet haben, um die Zusammenhänge der fiktionalen Welt über Unterbrechungen hinweg aufrecht zu erhalten. Was ihr konkretes Leseengagement angeht, brauchen sie vor allem selbstregulatorische Fähigkeiten: Sie müssen sich selbst in die Lage versetzen, passende Lesestoffe und eine förderliche Lesesituation zu schaffen, sich Ziele setzen (Diesen Text will ich nun lesen, weil ...), weiterhin ihr eigenes Leseverhalten im Prozess metakognitiv zu überwachen (Lese ich noch konzentriert? Verstehe ich den Text? Wenn nicht: Was kann ich tun?) und auch zu evaluieren (Habe ich mit der Lektüre meine Leseziele erreicht?). Das geschieht mittels metakognitiver Strategien, wie wir sie in Kapitel fünf beschrieben haben. Auch von den Schwierigkeiten, solche metakognitiven Strategien zur Selbstregulation zu vermitteln, ist dort die Rede: Strategielernen geschieht, wo es sich nicht intuitiv vollzieht, wesentlich über Beobachtung eines kompetenten Strategienutzers, der Lehrperson, die mit dem Ziel einer Unterstützung der Lesemotivation ihre metakognitiven Strategien beim Lesen mittels „lautem Denken" sichtbar macht, über anschließende Imitation ihres Vorgehens durch die SchülerInnen und die schließliche Anwendung bei unbegleiteten Leseakten (vgl. Philipp 2012). Das verlangt als Voraussetzung, was es eigentlich fördern soll: Engagement für und metakognitive Steuerung des eigenen Lernprozesses.

Eine Einstellungsänderung beim lesebezogenen Selbstkonzept und der Lesemotivation zu erreichen ist sicherlich ein langer Weg. Erschwert wird er zusätzlich durch das generelle und kontinuierliche Absinken der Lern- und Lesemotivation im Verlauf der Schulzeit, das alle Schülerinnen und Schüler gleichermaßen betrifft (vgl. Retelsdorf/Möller 2008). Aber die Unterstützung und Förderung von Leseengagement ist notwendig – denn eigenständiges Lesen ist das Ziel aller Leseförderung, das in den viel enger geleiteten Flüssigkeits- oder Strategietrainings kaum unterstützt wird (→ 5). Schoenbach und Greenleaf (2010) zeigen am Beispiel ihres Schulprojekts, wie die Verantwortung für den eigenen Leseprozess auch bei sehr schwachen Lernern in weiterführenden Schulen erfolgreich auf den Weg gebracht werden können.

Mehr lesen?

Und doch bleibt die Beobachtung, dass gute erwachsene LeserInnen in ihrer Kindheit in aller Regel VielleserInnen waren, ein starkes Argument. Könnte man nicht die Motivationsidee beiseitelassen und Förderverfahren mit Kinderbüchern entwickeln, die rein quantitativ die Menge des Gelesenen tatsächlich steigern? Davon könnte man sich die Verbesserung der Leseflüssigkeit erhoffen, also eines Aspekts der Prozesskompetenzen, neben den bildenden Momenten, die mit literarischer Lektüre einhergehen, und neben einer Weiterentwicklung von lesekulturellen Kompetenzen durch eigenständige Lektüre. Am Ende mag die Motivation auch davon profitieren, weil die Lesepraxis zu Kompetenzen geführt hat.

Tatsächlich wurden und werden solche Vielleseverfahren vielfältig eingesetzt, insbesondere im angloamerikanischen Raum. Hierzulande ist „Antolin", eine Internet-Plattform vor allem für GrundschülerInnen, relativ verbreitet. Der Schulträger kauft die Lizenz dafür; die SchülerInnen lesen in ihrer Freizeit Kinderbücher, zu denen auf der Plattform Inhaltsfragen zum Ankreuzen eingestellt sind. So können sie mit richtigen Antworten Punkte sammeln und sich im Wettbewerb mit ihren KlassenkameradInnen messen. Die Lehrerin kontrolliert, wer was leistet (vgl. Meier 2019). Bekannt ist auch die „Leseolympiade", die im letzten Jahrhundert in Österreich von Richard Bamberger entwickelt und breit praktiziert wurde (2000). Dabei wird vor allem in der Phase zwischen dem vierten und siebten Schuljahr Freizeitlektüre über ein, zwei Jahre gewissermaßen verordnet: Die SchülerInnen müssen eine Anzahl an individuellen Lektüren monatlich vorweisen. Unterstützt werden sie durch einfache Beschaffungswege für altersangemessene Kinderliteratur, durch Gesprächskreise oder sonstige Aktivitäten rund um Lektüre und durch die Überwachung der LehrerInnen. Denn die gelesenen Bücher werden in einen individuellen „Lesepass" eingetragen, der sich schnell füllt und der auch gefeiert und – jenseits der Deutschnote – belobigt wird. Dabei wird diese Lektüre wie auch bei Antolin nicht im eigentlichen Sinn zu Schulstoff, denn die Auswahl bleibt individuell und den SchülerInnen überlassen. Das Textverstehen wird bei der Leseolympiade – anders als bei Antolin – weder überprüft noch bewertet. Größere literarische Ansprüche werden nicht gestellt; die Menge zählt. Im deutschsprachigen Raum hat Reinhard Lange (2007) positive Erfahrungen mit und eine Anleitung für die „Lese- und Lernolympiade" vorgestellt.

Naturgemäß sind die Effekte solcher offenen Verfahren schwerlich empirisch valide zu messen. Enger geregelte Vielleseverfahren wurden sowohl in den USA als auch hierzulande überprüft. Beispielsweise wurden die Effekte von Summerschools mit freier Lektüre erhoben oder es wurde in der Unterrichtszeit vermehrt individuell gelesen. In einem Frankfurter Forschungsprojekt haben wir leseschwachen Sechstklässlern drei Mal 20 Minuten wöchentlich freies Lesen über ein Schulhalbjahr verordnet, flankiert durch Bücherkisten mit anregender und eher unterkomplexer Kinderliteratur. Abgesehen davon, dass solche Projekte allen Beteiligten Spaß machen und auch abgesehen von dem wichtigen Erfolg, dass manche Kinder zum ersten Mal in ihrem Leben eigenständig ein ganzes Buch gelesen haben – das Kontrollgruppendesign der Studie weist nach, dass sich statistisch weder die Leseflüssigkeit dadurch maßgeblich verbessert noch die Lesemotivation profitiert (Rosebrock et al. 2010). Mit diesem Ergebnis bestätigt unsere Studie zahlreiche gleichsinnige angloamerikanische Erfahrungen, die ebenfalls bei einer begrenzten Steigerung der Lektüremenge keine Effekte gefunden haben.

Liegt es an der noch immer zu kleinen Dosis? Sind spätere kompetente LeserInnen tatsächlich deshalb kompetent, weil Sie in der Kindheit viel gelesen haben – oder haben sie in der Kindheit deshalb viel gelesen, weil sie es gut konnten bzw. neugierig und vielseitig interessiert sind? Eine Korrelation (Zusammentreffen) zweier Phänomene ist schließlich nicht notwendig eine Kausalität (Ursache-Wirkungs-Beziehung). Aber nur an Zufall mag man bei so starken Korrelationen wie der zwischen einer Lesekindheit und guten Lesekompetenzen nicht glauben, zumal nachgewiesen ist, dass der Umfang der Freizeitlektüre einen deutlichen positiven Effekt auf den generellen Bildungserfolg hat (vgl. z. B. Mol/Bus 2011). Oder setzen die Viellese-Verfahren zu spät an, ist die lebensgeschichtlich angesammelte Leseerfahrung zu gering für gelingende Leseprozesse?

Eine amerikanische Studie (Kelley et al. 2010) gibt dazu Hinweise: In ihr wurde das Verhalten von SchülerInnen während des „sustained silent reading", dem individuellen Viellesen, im Klassenkontext nur beobachtet, nicht gemessen. Wie konzentriert lesen sie, was führt zu Unterbrechungen, wie oft stockt der Leseprozess? All das lässt sich gut dem äußeren Verhalten der SchülerInnen im Förderstufenalter während der stillen Lesezeiten in der Klasse ansehen. Auf der Basis solcher Beobachtungen haben die Autorinnen acht Lesertypen gebildet, denen sie das Verhalten einer größeren Anzahl von Kindern mit befriedigender Genauigkeit zuordnen konnten. Der Typ „Bücherwurm", der auch dann noch weiterliest, wenn es konkurrierende Beschäftigungsangebote gibt, ist in lesedidaktischer Hinsicht unproblematisch, gefolgt von den „Genre-LeserInnen", die gerne bestimmte Serien lesen, sich aber nicht an ungewohnte Textformate herantrauen. Drittens nennt die Studie den Typ „unmotivierte LeserInnen". Sie sind durchaus in der Lage, ein Buch zu lesen, aber es fehlt ihnen am notwendigen Engagement. Wie der vierte Typ, die „folgsamen LeserInnen", der tut, was man verlangt, brauchen sie sehr lange für die Lektüre und lassen sich leicht ablenken. Ihre Lektüre wählen sie weitgehend zufällig aus. Für sie sind Anerkennung ihrer Lesekompetenzen und feste, für das Lesen reservierte Zeiten ohne Ablenkung besonders wichtig, um in Buchwelten hinein zu finden und sich innerlich zu beteiligen. Der nächste Typ, LeserInnen mit Interesse an sachlichen Weltzugängen, werden bei Vielleseverfahren und Leseanimationen hintangestellt, denn dabei wird meist nur erzählende Kinder- und Jugendliteratur angeboten und wertgeschätzt. Darunter leidet ihr Selbstkonzept, weil ihnen narrative Lektüre wenig zusagt. Überforderte Leser hingegen sind im Grunde engagiert, aber sie haben so viele Misserfolgserfahrungen, dass sie innerlich aufgegeben haben. Ggf. sind ihre Lernvoraussetzungen schlecht, z. B. haben sie schwache Sprachkenntnisse oder eine kognitive Beeinträchtigung, eventuell wachsen sie in einem wenig unterstützenden Umfeld auf oder Ähnliches. Für sie sind nicht-überfordernde Texte besonders wich-

Typologie des Leseverhaltens bei Vielleseverfahren

1. Bücherwürmer
2. Genre-LeserInnen
3. Unmotivierte LeserInnen
4. Sachtext-LeserInnen
5. Folgsame LeserInnen
6. Möchtegern-LeserInnen
7. Überforderte LeserInnen
8. Als-Ob-LeserInnen

tig: Sie müssen ihren Lesestoff bewältigen können, sodass sie Erfolgserlebnisse beim Lesen erfahren. Anders der nächste Typ, der Möchtegern-Leser. Er wählt zu schwierige oder lange Bücher aus, beispielsweise, weil er mit den Klassenkameraden mithalten will. Diese SchülerInnen brechen die Lektüre wieder und wieder ab. Sie zu identifizieren ist wichtig, um die Abbrüche durch Unterstützung bei der Buchauswahl zu vermeiden. Besonders interessant für unsere Fragestellung nach der Wirksamkeit von Vielleseverfahren sind die „Fake-Readers“, wie es im Original heißt: Sie sitzen vor ihren aufgeschlagenen Büchern, lassen ggf. die Augen über das Blatt schweifen und blättern von Zeit zu Zeit um. Sie lesen faktisch nicht. Zu dieser Gruppe gehören auch die „Vermeider“, die in den Lesezeiten ständig nach alternativen Handlungen suchen: Bleistift spitzen, auf die Toilette gehen, Schuhe zubinden ... Diese zuletzt genannten SchülerInnen sind durch Vielleseverfahren klar überfordert.

Wesentlich unterscheiden sich die Typen in ihrem konkreten Leseengagement, dass sie für die aktuelle Lektüre aufbringen. Dieses für jede Lektüre notwendige aktive mentale Engagement lässt sich, wie oben gezeigt, auf das lesebezogene Selbstkonzept zurückführen, und dieses wiederum wurzelt in einer motivationalen Grundeinstellung, die pädagogisch wohl nicht einfach zugänglich ist. Etwa die Hälfte dieser Lesertypen – das ist nicht die Hälfte der SchülerInnen – wird nicht erreicht, wenn man ihnen im Rahmen von Vielleseverfahren bloß Lesestoffe vorsetzt und die notwendige Lesezeit einräumt, so zeigt die Studie. Insofern darf man sich von bloßen Leseanimationen keine Erfolge für sie versprechen. Freilich verteilen sich diese acht Typen nicht gleichmäßig über die Anzahl an SchülerInnen in einer Klasse. Je nach Schulform und Einzugsgebiet wird das stark variieren. Aber die im Durchschnitt etwa 20 Prozent schwacher LeserInnen eines Jahrgangs werden sich in den unten stehenden Typen wiederfinden. Möglicher Weise bietet das Verhalten dieser leseschwachen SchülerInnen einen Erklärungsansatz für den statistisch ausbleibenden Erfolg der Vielleseverfahren.

Als Fazit lässt sich sagen: Natürlich sind Vielleseverfahren und Leseanimationen unverzichtbarer Bestandteil jeder positiven schulischen Lesekultur. Sie fördern diejenigen SchülerInnen, die bereits zureichende Kompetenzen, ein tragfähiges lesebezogenes Selbstkonzept und konkretes Engagement zeigen. Sie öffnen und erhalten den Zugang zum persönlichen literarischen Lesen als bildende Gewohnheit und unterstützen die Autonomisierung des Leseverhaltens. Aber es gibt, wie die Leistungsstudien immer wieder belegen, auch die leseschwachen SchülerInnen, die mehr und gezieltere Unterstützung auch innerhalb der Vielleseverfahren brauchen – bis hin zu den „Fake-Readers", die die enger strukturierten und kleinschrittig kontrollierten Lautleseverfahren absolvieren sollten, um ihre basalen Prozesskompetenzen zu verbessern und den Zugang zum literarischen Lesen zumindest als Möglichkeit zu erhalten. Auch für sie gilt: Die Entwicklung einer eigenständigen persönlichen Lesekultur ist ein wesentliches, womöglich das wesentlichste Ziel des Literaturunterrichts (→ 4).

Wir fassen zusammen:

Motivationale Einstellungen zum Lesen von literarischen und Sachtexten sind tief in der Identität der Individuen verankert, sodass bei schwachen LeserInnen durch leseanimierende Verfahren nur kurzzeitig erhöhte Aufmerksamkeit für eine Leseaufgabe zu erwarten ist. Lesemotivation und ein entsprechendes Leseselbstkonzept entwickeln sich biografisch in Abhängigkeit zur Lesekompetenz, das heißt: Schwachen Lesern fehlt es in der Regel an beidem, an Motivation und an Kompetenz. Das zeigt sich konkret in ihrem mangelnden Engagement für anstehende Leseaufgaben. Ein anregender Literaturunterricht, der auch Kontakt zur Freizeitlektüre der SchülerInnen hält und auf den Austausch von Leseerfahrungen Wert legt, sollte flankiert werden durch gezielte Unterstützung derjenigen SchülerInnen, die keine Motivation für eigenständige Lektüre aufbringen und/oder damit überfordert sind.

Welche Anforderungen stellt das an die Lehrperson? Welches Wissen, welches Können braucht sie?

Die Notwendigkeit von Leseengagement für jegliches sinnorientiertes Lesen sollte Lehrpersonen klar vor Augen stehen. Sie sollten durch Beobachtung das mentale Engagement ihrer SchülerInnen bei der Lektüre einschätzen und passende Unterstützungsmöglichkeiten anbieten können. Ihr sollte der Wert von literarischer Freizeitlektüre in der späten Kindheit und Jugend deutlich sein. Dies sollte dazu führen, das außerschulische Lesen begleitend zum eigentlichen Literaturunterricht kontinuierlich zu unterstützen.

Zum Weiterlesen:

Philipp, Maik (2012): Motiviert lesen und schreiben. Dimension, Bedeutung, Förderung. Seelze: Klett Kallmeyer.

Rosebrock, Cornelia; Nix, Daniel (2017): Grundlagen der Lesedidaktik und der systematischen schulischen Leseförderung. 8. korr. Auflage. Baltmannsweiler: Schneider Hohengehren.

Rieckmann, Carola; Jörgens, Moritz; Rosebrock, Cornelia (2013): Verhinderte Lesebereitschaft. Was fehlt schriftfernen Jugendlichen zum eigenständigen Lesen? In: IDE-Informationen zur Deutschdidaktik: Literale Praxis. Heft 1, 2013, S. 87–99. http://wwwg.uni-klu.ac.at/ide/pdf/2013-1-Rieckmann_J%C3%B6rgens_Rosebrock.pdf (Zugriff 1.6. 2019).

7 · Welche Texte gehören in den Literaturunterricht?

In den Lese- und Literaturunterricht gehören naturgemäß diverse Formen von literarischen Texten – aber ebenso Sachtexte, beispielsweise in Form von Aufgabenstellungen, Erläuterungen, Interpretationen usw. SchülerInnen sind im Literaturunterricht auch mit Inhaltsangaben, Berichten, Beschreibungen, Darstellungen, Erörterungen und diversen weiteren nicht-literarischen Textsorten beschäftigt. Während sie literarische Texte im Wesentlichen verstehend lesen können sollen, kommt bei den Sachtexten das Schreiben-Können ebenso stark zum Zug. Hier überschneidet sich die Zuständigkeit der Sprachdidaktik, deren Thema u. a. das Schreiben von Texten ist, mit den Belangen der Lese- und Literaturdidaktik.

Im Folgenden sollen die beiden großen Textgruppen, Sach- und literarische Texte, thematisch werden: Was macht Sach-, was macht literarische Texte typischer Weise aus? Für diese Frage erörtern wir die Ansprüche, die sie jeweils an ihre LeserInnen stellen. Anschließend wenden wir uns der Frage nach der Auswahl literarischer Texte für den Literaturunterricht zu: Welche Lektüren werden üblicher Weise im Literaturunterricht gelesen? Aus welchem Grund? Insgesamt entfaltet das Kapitel eine Reihe von Kriterien, die bei der Auswahl geeigneter Texte für den Unterricht Beachtung finden sollten.

Sachtexte – literarische Texte

Es ist nicht ganz trivial, zwischen literarischen und Sachtexten zu unterscheiden, obwohl diese Zuordnung alltagspraktisch in jeder Buchhandlung, in jeder Bücherei oder in jedem Deutschbuch auf der Hand zu liegen scheint. Es gibt ein diesbezügliches allgemeines „stummes Wissen". Allerdings sind die Grenzen zwischen den Textgruppen genau besehen manchmal auch fließend: Biografien z. B. erzählen ein Leben als Roman und ziehen so in die Zufälligkeiten des Tatsächlichen erzählerisch eine interpretierende Sinnspur ein. Historische Romane, Briefe, Reality-Shows, manche Artikel in Boulevard-Zeitungen usw. wären weitere Genres auf der Grenze zwischen den Textgruppen.

Für die grundlegende Frage nach der Unterscheidung von typischen Sach- und literarischen Texten orientieren wir uns an einem sprachhandlungstheoretischen Ansatz. In dieser Perspektive stehen weniger die immanenten Eigenschaften von Texten oder Textgruppen im Vordergrund als vielmehr das kommunikative Verhältnis zwischen Text und Leser.

Gelesen wie geschrieben werden Texte in kommunikativen Formaten, in literalen Konventionen, die sich kulturell herausgebildet haben und die die literalisierten Mitglieder der Gesellschaft kennen. Sachtexte werden im Rahmen der sogenannten Tatsachenkonvention produziert und rezipiert: Sachtexte formulieren, was der Fall ist, sie referieren auf die intersubjektive Wirklichkeit. Man kann sich das anhand eines Beipackzettels für ein Medikament veranschaulichen: Er referiert auf die Zusammensetzung und erwartete Wirkung des Medikaments, enthält zudem einige Normen – z. B. wie es zu entsorgen ist – und Instruktionen – z. B. wie es unter welchen Umständen einzunehmen ist. Dabei sollten die Aussagen dieses Beipackzettels eindeutig sein und keine Interpretationsspielräume eröffnen. Diese Eindeutigkeit ist die zweite gemeinsame Eigenschaft typischer Sachtexte, die sogenannte Monovalenzkonvention. Unter diesen beiden Konventionen – Tatsachenkonvention und Monovalenzkonvention – werden Sachtexte geschrieben, und sie sollen auch in dieser Rahmung gelesen und verstanden werden. Ein Sachtext, der sich nicht auf physische, soziale, historische oder sprachliche Tatsachen bezieht, der blumige Metaphorik verwendet oder der nur Andeutungen macht, ohne klar auszusprechen, was der Fall ist, einen solchen Sachtext empfinden wir als unsachlich. Um Sachtexte bewerten und nutzen zu können, müssen sich Rezipienten die Konventionen, die an Textformate angelegt werden, angeeignet haben. Die Bedeutung der Fähigkeit, Sachtexte entsprechend zu beurteilen, kann angesichts der wichtigen Textressource Internet kaum überschätzt werden.

Literarischen Texten gestehen wir dagegen von vorne herein mehr Freiheiten zu. Wir erwarten nicht, dass sie sich auf Tatsachen beziehen, sondern rezipieren sie dekontextualisiert, also ohne unmittelbaren Bezug zur außertextuellen Wirklichkeit. Beim Lesen eines literarischen Textes setzen wir die Realitätsprüfung aus und lassen uns auf ein Als-ob-Spiel ein. Wir erwarten auch keine eindeutigen Gesamtaussagen: Was ein Gedicht, eine Novelle, ein Theaterstück insgesamt durch das Spiel mit Sprache und Bedeutungsmöglichkeiten zum Ausdruck bringt, kann zwischen unterschiedlichen LeserInnen, aber auch zwischen Leseakten in unterschiedlichen Epochen oder Kulturen jeweils anders realisiert werden und doch mit den manifesten Textaussagen kompatibel bleiben. Das liegt an der konstitutionellen Mehrdeutigkeit literarischer Texte, in der Terminologie der empirischen Literaturwissenschaft ausgedrückt: an ihrer Polyvalenz.

Sachtexte	**Literarische Texte**
werden gelesen im Rahmen der ...	
Tatsachenkonvention	Fiktionalitätskonvention
Monovalenzkonvention	Polyvalenzkonvention
	Ästhetikkonvention

Die sog. Fiktionalitätskonvention beim literarischen Lesen besagt, dass die Texte gewissermaßen nicht beim Wort genommen werden dürfen. Diese Konvention – die für AutorInnen wie LeserInnen gleichermaßen gültig ist – stand nicht schon immer fest: Daniel Defoe, der Autor des

„Robinson Crusoe", bekam gewaltigen Ärger, als ruchbar wurde, dass sein internationaler Bestseller, erstmals erschienen 1719, mitnichten eine Tatsachenschilderung war. Der Text hat zwar einen Ich-Erzähler, aber der Autor hatte durchaus nicht 28 Jahre allein auf einer Insel verbracht. Das zog für ihn Gerichtsverfahren und Gefängnis nach sich. Die Textsorte „Roman" war damals noch nicht kulturell etabliert (vgl. Berthold 1993). Heute ist das der Fall, und es ist Aufgabe der Schule sicherzustellen, dass Heranwachsende in die Lage versetzt werden, fiktionale Texte dekontextualisiert zu lesen, also eine andere Haltung einzunehmen als bei der Sachtextlektüre. Gerade im Hinblick auf Fiktionalität wird das gegenwärtig zunehmend wichtig, weil bei vielen aktuellen Medienformaten klare Fiktionalitätssignale fehlen oder so unauffällig sind, dass ihre Berücksichtigung hoch entwickelte Kompetenzen verlangt. Zudem entstehen neue Formate, die man als „halbfiktional" bezeichnen könnte, z. B. Reality-TV. Erfahrungen in virtuellen Räumen zeichnen sich als Zukunft der Medienrezeption bereits ab. Es wird für mündige MediennutzerInnen deshalb zunehmend wichtiger, dass „die erlebte Wirklichkeit des medialen Angebots [...] das Fiktionalitätsbewusstsein nicht außer Kraft setzt" (vgl. Groeben/Dutt 2011, 67).

Die genannten Konventionen sind nicht die einzigen kulturellen Vorgaben, unter denen literarische Texte geschrieben und gelesen werden sollen; hinzu tritt die Ästhetikkonvention. Sie bedeutet für die Produktion und Rezeption von Literatur, dass diese Texte nicht nur inhaltlich informieren, sondern dass auch ihre Gestaltungsmittel etwas bedeuten, lapidar gesagt: dass ästhetische Texte auch in formaler Hinsicht „schön gemacht" sind. Gedichte nutzen Reim, Klangfarbe, Rhythmik usw., um ihre Bedeutungsräume einzufärben, in Erzähltexten finden sich sprachliche Bilder, Parallelismen und Oppositionen, Synästhesien und vieles mehr. Davon handelt eine andere Frage in diesem Buch (→ 8).

Wenn SchülerInnen Probleme mit dem Textverstehen zeigen, ist es also sinnvoll, auch zu schauen, um welche Texttypen es sich handelt. Mit den Daten der ersten PISA-Studie ließ sich bereits belegen, dass sich die Leseleistungen von SchülerInnen bei literarischen Texten von denen bei Sachtexten unterscheiden lassen (Artelt/Schlagmüller 2004), d. h.: Wer Sachtexte gut erschließen kann, dem gelingt das nicht notwendig im gleichen Maß bei literarischen und umgekehrt. Die Anforderungen, die beispielsweise eine Aufgabenformulierung im Schulbuch oder ein sekundär-literarischer Text an die LeserInnen stellt, unterscheiden sich systematisch von denen, die literarische Texte verlangen (vgl. Rosebrock 2016).

Was macht Texte leicht, was schwierig?

Welche Texte gehören also in den Lese- und Literaturunterricht? Sach- *und* literarische Texte, und zwar solche, die die jeweiligen Verstehensmöglichkeiten der SchülerInnen herausfordern, aber nicht überfordern. Sind literarische Texte einfacher als Sachtexte? Oder schwieriger?

Literarische Erzähltexte und dramatische Texte, z. B. in Spielfilmen, nutzen in der Regel eine alltagsnahe Sprache. Lyrische Texte sind zwar oft dysgrammatisch, aber auch sie verwenden meist Wörter und Bilder, die dem Alltag entstammen. Das gleiche gilt in thematischer Hinsicht: In Literatur handeln in der Regel Figuren, die wie Personen aus dem realen Leben formatiert sind und deren Handlungen, Motive, Umwelten usw. der Lebenserfahrung des Lesers kategorial entsprechen. Wegen der alltagsnahen Sprache und den vertrauten Thematiken fordern z. B. Erzähltexte auf den hierarchieniedrigen Ebenen der Textverarbeitung – das sind die Wort- und Satzidentifikation und die Bildung lokaler Kohärenzen (→ 3) – oft kaum mehr als alltägliches Sprachverstehen. Die sprachliche Oberfläche zu erfassen und eine Textbasis zu generieren ist, zumindest für Muttersprachler, bei Erzähltexten also keine große Hürde. Und doch wäre ein Grundschüler, der eine Kurzgeschichte z. B. von Heinrich Böll lesen müsste, vermutlich überfordert: Warum wird da etwas ganz Alltägliches erzählt, was soll das? Warum handelt die Figur in dieser oder jener Weise? Was ist das überhaupt für eine Welt, in der die Geschichte sich vollzieht? Die einzelnen Wörter und Sätze verstände der Grundschüler durchaus, doch er könnte mit den Andeutungen, mit den unausgesprochenen Motiven der Figuren, mit der Symbolik und Ironie „nichts anfangen“, d. h.: Er könnte keine Zusammenhänge herstellen und keine übergreifende Bedeutung erkennen.

In Bezug auf das grundlegende Modell von Lesekompetenz (→ 3) heißt das: Die Erzählung (hier als Vertreterin literarischer Texte) ist im *hierarchieniedrigen* Bereich relativ einfach: Sie verwendet eine alltagsnahe Lexik und bezieht sich auf Schemata – z. B. von Personen, Gegenständen und Landschaften –, die bekannt sind. Schwerer zu verstehen wird sie leserseitig ggf. erst im hierarchiehohen Bereich: Anspruchsvolle Literatur für Erwachsene spricht ihre Bedeutungshorizonte kaum direkt aus und bleibt in einer Weise offen, die LeserInnen dazu provoziert, die Bedeutung des Gesagten zu ergänzen oder darüber nachzudenken. Dafür nutzen solche Texte spezielle literatursprachliche Gestaltungsmittel, etwa Reim und Metrik im Gedicht, Sprachbilder und uneigentliche Aussagen in Erzähltexten usw. Kohärenz herzustellen und die Relevanz des Erzählten zu erfassen, fordert dann literatursprachliche Erfahrungen. Literarische Texte tendieren also dazu, komplexe Verarbeitungsleistungen im *hierarchiehohen* Bereich des Leseprozesses zu verlangen, z. B. das Verstehen indirekter Aussagen und sprachlicher Gestaltungsmittel oder das Ergänzen unausgesprochener Bedeutungen.

Umgekehrt stellt sich das Komplexitätsprofil von deklarativen Lehrtexten dar, die die Schulbücher füllen. Ihr Verständnis ist in hohem Maß abhängig vom thematisch passenden Vorwissen der Lesenden. Sie enthalten in aller Regel Begriffe, mit denen ein übergeordnetes, fachlich fundiertes Konzept vermittelt werden soll, dass eben nicht aus der Lebenswelt vertraut ist. LeserInnen müssen sich ggf. auf die Ebene der Wortidentifikation konzentrieren, wenn ein Fachbegriff auftritt. Dafür müssen sie den fachlichen Bedeutungsumfang des Wortes und seinen Bezug zu anderen Begriffen klären. Das gleiche gilt für das Thema: Es ist zwar in der Überschrift meist benannt, passt sich aber bei Lehrtexten in Konzepte ein, die aus Wissensdomänen stammen und deren Spezifik erschlossen werden muss – denn diese Texte folgen eben nicht der Logik der alltäglichen Wahrnehmung und dem gewohnten Sprachgebrauch. Was ihre Anforderungen an die leserseitigen mentalen Verstehensstrategien angeht, sind solche Texte tendenziell schwierig, und zwar im *hierarchieniedrigen* Bereich. Statistisch gesehen ist die sprachliche Oberfläche solcher Texte tatsächlich schwieriger als die literarischer Texte: Sie enthalten mehr lange Wörter und mehr längere Sätze, und zwar auch dann, wenn sie jeweils an die gleiche Altersgruppe adressiert sind.

Im *hierarchiehohen* Bereich sind Sachtexte dagegen vergleichsweise einfach: Das übergeordnete Thema eines Sachtextes sollte schon die Überschrift nennen, sodass es leicht zu ermitteln ist. Die einzelnen Aussagen sollten explizit und folgerichtig formuliert sein. Auf literatursprachliche

Gestaltungsmittel verzichten solche Texte weitgehend. Ihre Darstellungsintention versteht sich von selbst: Im Fall von Lehrtexten im Schulbuch stellen sie deshalb etwas dar, damit es erlernt wird; argumentative Texte wie politische Reden oder Predigten wollen überzeugen; instruktive Texte wie Gebrauchsanleitungen geben Handlungsanweisungen; samt und sonders beziehen sie sich alle auf außertextuelle Tatsachen. All das muss nicht eigens vom Lesenden erschlossen werden, sondern ist transparent durch die Konventionen, denen solche Texte unterliegen und die Situationen, in denen sie auftreten – dann jedenfalls, wenn leserseitig die konventionalisierten Lesehaltungen angeeignet sind, wenn das „stumme Wissen", von dem oben die Rede war, tatsächlich gegeben ist. Solches Wissen explizit zu machen ist wichtig insbesondere für SchülerInnen mit wenig Leseerfahrungen, um die Disparität zu den erfahreneren nicht anwachsen zu lassen.

Anforderungen des Textes auf der Ebene der ...	Prüffragen
1) sprachlichen Oberfläche	Wie viele lange Wörter gibt es, wie komplex sind die Satzkonstruktionen?
2) lokalen Kohärenz	Gibt es schwer verständliche Stellen im Text?
3) globalen Kohärenz	Ist das Thema des Textes klar expliziert?
4) Identifikation von Superstrukturen	Wie markant ist der Text gegliedert, welche Darstellungsmittel nutzt er?
5) Identifikation von Darstellungsintentionen	Wie zugänglich sind die Deutungsspielräume des Textes?
6) Zugänglichkeit auf der Ebene des Subjekts	Spricht der Text Kinder und Jugendliche inhaltlich an, trifft er ihre Interessen?

Ebenen und Prüffragen zur Einschätzung der Textkomplexität nach Sander/Rosebrock 2016.

Die Anforderungen literarischer Texte an die leserseitige Verarbeitungskompetenz sind also nicht generell höher oder niedriger als die von Lehrtexten – aber anders! Die beiden Textgruppen sind auf unterschiedlichen Ebenen typischer Weise einfach oder komplex, natürlich jeweils relativ zur Lesekompetenz, zu den literatursprachlichen Erfahrungen und dem Wissen des Lesenden. LehrerInnen müssen die Schwierigkeit der sprachlichen Oberfläche, die Wissensanforderungen und die Rhetorik von Texten im Hinblick auf die Kompetenzen ihre Lerngruppe einschätzen können. Dabei hilft ihnen ein Blick auf die Teilleistungen im Lesekompetenzmodell: Welche Leistungen fordert der Text auf Wort-, Satz-, Textebene? Wie gewohnt sind seine Gestaltungsmittel, wie zugänglich seine Darstellungsintentionen? Die Tabelle enthält passende Prüffragen für Lehrpersonen (vgl. Sander/Rosebrock 2016); sie soll der ebenso stereotypen wie unzureichenden Vorstellung entgegenwirken, dass Textschwierigkeit primär durch Fremdwörter entstehe.

Welche Lektüren gehören in den Literaturunterricht?

In den Lese- und Literaturunterricht gehören also neben literarischen Texten auch Sachtexte. Die Schwierigkeitsniveaus aller Texte müssen und können auf die Verstehensmöglichkeiten der SchülerInnen abgestimmt sein. Nach wie vor fehlen allerdings die Auswahlkriterien für den eigentlichen Gegenstand des Literaturunterrichts, nämlich den literarischen Text: Welche Literatur lesen?

Schaut man auf die schulische Wirklichkeit, kann es einem vorkommen, als würden ohnehin immer die gleichen Texte im Literaturunterricht „durchgenommen" – über Generationen und Bundesländer hinweg. Dabei existiert gar kein administrativ vorgegebener Kanon literarischer Texte, abgesehen von den Oberstufen-Curricula bzw. Leselisten mancher Bundesländer, die mit einer begrenzten Auswahl an Literatur auf das jeweilige Zentralabitur zusteuern. Die Bildungsstandards sind eben nicht inhalts-, sondern kompetenzorientiert.

Trotzdem gibt es von der Grundschule bis zum mittleren Schulabschluss eine vergleichsweise schmale Anzahl von Texten, die immer wieder und fast überall gelesen werden: Zu „Ben liebt Anna" in der Grundschule und „Damals war es Friedrich" in der Mittelstufe gesellen sich relativ wenige ziemlich verbreitete Kinder- und Jugendliteratur-Titel aus dem 20sten Jahrhundert, und häufig sind es auch die gleichen Balladen und Gedichte von Goethe, Schiller und Eichendorff, die landauf, landab im Unterricht gelesen werden. Auch die gymnasialen Oberstufen sind über weite Strecken seit Jahrzehnten von den gleichen Romanen und Dramen bestimmt, selbst dann, wenn die Leselisten für das Abitur diesbezüglich hier und dort einige Freiheiten lassen. Solche viel und über Generationen hinweg in der Schule gelesen Texte werden oft als „heimlicher Kanon" benannt; heimlich, weil sie nicht verordnet sind, sondern sich „wie von selbst" durchsetzen. Würde man 100 übliche literarische Titel nennen, hätte man schätzungsweise 80 Prozent der in der Schule gelesenen Texte beisammen – einschließlich Kurzprosa, Lyrik und KJL. Das ist einerseits natürlich ein Phänomen von pädagogischem Brauchtum, unterfüttert von Schulbuchverlagen und Lehrerhandreichungen. Andererseits ist es ein Ergebnis von *Kanonisierungsprozessen*: Hinter dieser faktisch begrenzten Auswahl aus dem Universum von literarischen Texten steht die Macht der literarischen Kanonbildung.

Ein Kanon ist eine Textsammlung, in der sich eine Kultur und Gesellschaft verbindlich oder vorbildlich zum Ausdruck gebracht sieht. Der Begriff „Kanon" stammt ursprünglich aus der Kirchengeschichte. Welche Texte überhaupt zur Bibel gehören und wie sie zu verstehen sind, haben über Jahrtausende kirchliche Instanzen bestimmt. Die Auslegung der heiligen Schrift war – und ist – ständig notwendig, weil sich die Lebens- und Denkweisen über die Jahrhunderte verändert haben und deshalb die Verbindlichkeit der biblischen Texte durch jeweils zeitbezogene Interpretationen entsprechend belegt werden musste. In Predigten geschieht das auch gegenwärtig.

Für die Bibel war die Instanz, die den Kanon bestimmt und legitimiert, benennbar – für die diffus abgegrenzte Gruppe an kulturell wertvoller und bewahrenswerter Schöner Literatur ist das nicht der Fall, wenn auch Zeitungen oder Fernsehsendungen immer wieder versuchen, einen „Kanon der deutschen Literatur" von vielleicht fünfzig oder hundert Titeln, die jeder gelesen haben sollte, zu präsentieren. Der literarische Kanon ist ein „invisible hand"-Phänomen (Winko 2002), das „wie von selbst" entsteht, indem bestimmte Texte des kulturellen Erbes immer wieder vor allem in Bildungsinstitutionen thematisiert, ausgelegt und in ihrem literarischen Wert bestätigt werden, ohne dass eine einzelne normsetzende Instanz das verfügt. Die große Mehrzahl literarischer Texte der Gegenwart und Vergangenheit fällt entsprechend dem kulturellen Vergessen anheim – sei es, weil sie tatsächlich weniger zugänglich, gehaltvoll, aktualisierbar usw. sind oder waren, sei es, weil sie nun mal kaum aufgegriffen wurden oder werden, aus welchen Gründen auch immer.

Oft wird argumentiert, der literarische Kanon – ob nun enger oder weiter gefasst – beinhalte das „kulturelle Gedächtnis" einer Sprachgemeinschaft (vgl. Assmann 2006), indem er deren „innere Geschichte" enthalte (Korte 2002, 63). Diese Sichtweise hat einiges für sich: Will man etwas über die Geschlechterverhältnisse im ausgehenden 19. Jahrhundert wissen, kann man sich ein mentalitätsgeschichtliches Sachbuch suchen. Man kann aber auch „Effi Briest", „Madame Bovary" oder „Anna Karenina" lesen und dabei anschaulich, exemplarisch, gewissermaßen ganzheitlich und für unterschiedliche Sprachräume erfahren, wie sich diese Verhältnisse bildeten, wie sie sich auf das persönliche und soziale Leben auswirkten und wie sie bis in die Gegenwart nachwirken. In diesem Sinn ist kanonische Literatur identitätsbildend, und zwar im sozialen und kulturellen Maßstab – nicht nur im individuellen. Besonders sichtbar wurde die Bedeutung des Kanons für die kulturelle Identität im 19. Jahrhundert, als den Deutschen die Nationalstaatlichkeit zu fehlen begann. Die deutschsprachigen literarischen Klassiker wurden als Manifest nationaler Identität angesehen und intensiv für die Kompensation dieses Fehlens beansprucht. Wer beispielsweise damals beruflich zur Elite gehören wollte, hatte seine Belesenheit entsprechend unter Beweis zu stellen, indem er Zitate aus den Werken der Dichterfürsten im Munde führte.

In diesem Sinne bildet der Kanon ein Archiv der jeweiligen Kultur – wie wurde Macht, Natur, Tod, Liebe, Armut oder Krankheit in früheren Zeiten verstanden und gelebt? Er formuliert solche kulturellen Gegebenheiten aus und ist dadurch gewissermaßen auch das Alphabet der Kultur. Zugleich drücken sich in ihm die vergangenen und gegenwärtigen Herrschaftsverhältnisse aus: Dass Literatur von Autorinnen bis in die Mitte des 20. Jahrhunderts fast ausgeschlossen aus diesem Archiv blieb, liegt an der sozialen Marginalisierung von Frauen, die die Wertschätzung für weibliches Schreiben über Epochen hinweg verhinderte. Fontane, Flaubert und Tolstoi, die oben mit ihren Frauenfiguren genannt wurden – das waren Männer, die jeweils ein Frauenleben und -denken literarisch gefasst haben. Auch Literatur für Kinder war, von wenigen Ausnahmen abgesehen, bis vor kurzem kein Bestandteil des Kanons. Seit den 1960er Jahren sind mit dem Einzug von Kinder- und Jugendliteratur in Schulen und

Hochschulen allerdings deutliche Kanonisierungstendenzen auch dieser Literatur zu bemerken; es entsteht eine kinderliterarische Hochliteratur. Verlage versuchen entsprechend intensiv, ihre Texte in die Schulen zu bringen, um deren Überleben zu befördern, beispielsweise durch kostenlose Unterrichtshilfen. Sie sind aber nicht die wirkungsmächtigsten Akteure im Prozess der Kanonisierung: Als wichtigste kanonpflegende und -bildende Instanzen gelten die Bildungsinstitutionen, Schulen und Hochschulen.

Was heißt das nun für die Textauswahl im konkreten Unterricht? Kanonische Texte haben ihre Berechtigung: Sie verbinden Generationen durch gemeinsame Erfahrungen miteinander, sie wurden über lange Zeiträume wieder und wieder interpretiert, also im Blick auf ihre Aussagekraft für die jeweilige Gegenwart ausgelegt, und sie verhandeln in der Regel Grundmuster menschlicher Erfahrungen in ästhetischer Gestalt. Literaturgeschichte als Teil des gymnasialen Literaturunterrichts ist ohne kanonische Texte schwerlich vorstellbar. Der „Klassikersturz", der in der Folge der 1968er-Bewegung ausgerufen wurde, ist entsprechend versandet; denn zu ihm gehörte die „Arbeit am Kanon" (Fingerhut 1997), also im Sinne der 68er zunächst der Beleg, dass diese Texte ideologisch falsch und ästhetisch verstaubt sind und deshalb ersetzt werden müssen. Das gelang kaum. Aber erweitert und in seiner normativen Kraft geschwächt wurde der Katalog kanonischer Texte seitdem durchaus. Der Kanon wandelt sich mit den Institutionen, die ihn hervorbringen; vieles, was vor einem halben Jahrhundert noch in Stein gemeißelt schien, wird heute nicht mehr gelesen, und Neues hält Einzug.

Wie aber kann ich als LehrerIn einen unüblichen Text bezüglich seiner Eignung für die schulische Lektüre einschätzen – über das obligatorische „... das lesen die SchülerInnen bestimmt gerne" hinaus? Für die Einschätzung von Gegenwartsliteratur, die naturgemäß keine lange Rezeptionsgeschichte und entsprechendes kanonisches Gewicht aufweist, wurden Gütekategorien entwickelt, die man für eine Entscheidung heranziehen kann. Sie entsprechen im Wesentlichen den Maßstäben, die auch an kanonische Texte angelegt werden: u. a. Polyvalenz, stilistische Qualität, Exemplarität, zeitdiagnostisches Potential, die Aufnahme von Grundmustern menschlicher Erfahrung, die Passung zu den Interessenshorizonten der SchülerInnen und weitere (Pfäfflin 2010). Kanonische Texte sind dagegen mit Museumsstücken vergleichbar – sie sind wohl von herausragender Qualität, aber sie stehen zunächst auch isoliert und in Distanz dem Betrachter gegenüber. Goethes „Faust" wird uns trotzdem nicht so bald verlassen; und solange es LehrerInnen gibt, die sich für ihn begeistern und die seine Kostbarkeit und Aktualität für ihre SchülerInnen erfahrbar machen können, ist das auch gut so!

Wir fassen zusammen:

Literarische und Sachtexte unterscheiden sich deutlich in der kommunikativen Situation, die sie jeweils anfordern: Sachtexte verhandeln Tatsachen in möglichst eindeutiger Weise mit belehrenden, agitierenden oder instruierenden Intentionen. Literatur entfaltet dagegen im Leser Möglichkeitsräume in bewusst gestalteter Sprache, ohne unmittelbar auf Realität zu referieren. Leichte und schwierige Texte gibt es in beiden Textgruppen; während typische Sachtexte oft auf der Wort- und Satzebene hohe Verarbeitunganforderungen stellen und in erster Linie das leserseitige Wissen herausfordern und weiterentwickeln, verlangen anspruchsvolle literarische Texte eine Lesehaltung, die offene Bedeutungshorizonte und literatursprachliche Gestaltung als personale Erfahrung verarbeiten kann. Beide Textgruppen sind für den Literaturunterricht bedeutend. Die Auswahl der literarischen Lektüren für den Literaturunterricht folgt in Teilen dem literaturgeschichtlichen Kanon, der von Bildungsinstitutionen aufrechterhalten und auch weitergeführt wird.

Welche Anforderungen stellt das an die Lehrperson? Welches Wissen, welches Können braucht sie?

Mit einem klaren Bewusstsein für die unterschiedlichen Lesehaltungen, die Sach- und literarische Texte fordern, können LehrerInnen adäquate Umgangsformen in konkreten Lektüren anbahnen und so passende Lesehaltungen bei ihren SchülerInnen auszubilden helfen. Sie können die Passung zwischen Textkomplexität und den Kompetenzen ihrer Lerngruppe abschätzen, wenn sie die wesentlichen Kategorien textseitiger Schwierigkeit beachten. Kanonische Literatur referiert auf soziale und kulturelle Identität. LehrerInnen können, wenn sie sich fachlich in der Rezeptionsgeschichte der Texte auskennen, diesen Zusammenhang in ihrem Unterricht jeweils anschaulich vermitteln und auf die Unterrichtsziele beziehen.

Zum Weiterlesen:

Rosebrock, Cornelia (2016): Anforderungen von Sach- und Informationstexten; Anforderungen literarischer Texte. In: Andrea Bertschi-Kaufmann; Tanja Graber (Hrsg.): Lesekompetenz – Leseleistung – Leseförderung. Grundlagen, Modelle und Materialien. Seelze: Kallmeyer; Zug: Klett und Balmer, S. 58–75.

Sander, Julia; Rosebrock, Cornelia (2016): Komplexität literarischer Texte als didaktische Kategorie. In: Literatur im Unterricht (LiU), Jg. 17, H. 2, S. 143–156.

Winko, Simone (2002): Literatur-Kanon als invisible-hand-Phänomen. In: Text und Kritik. Zeitschrift für Literatur. Sonderband Literarische Kanonbildung, S. 9–24.

8 · Wozu interpretieren?

Versteht sich Literatur nicht von selbst? Eigentlich kann man diese Frage spontan bejahen: Bekanntlich gehört zu den frühesten sprachlichen Erfahrungen, dass Geschichten erzählt und dem Erzählen zugehört wird, dass Kinderreime und Lieder rezipiert werden, dass Kinder für sich oder mit anderen Rollenspiele in Szene setzen. Literarisches erscheint dabei durchaus nicht notwendig in Form von schriftsprachlichen Texten: Alltagserzählungen beispielsweise prägen die sprachliche Interaktion mit anderen, sie schaffen Identität und Gemeinschaft – wer ich bin, erzählt sich in meiner Lebensgeschichte, wer wir sind, erscheint in den kleinen alltäglichen und den großen gemeinsamen Erzählungen über uns. Auch Songtexte oder Fernsehserien schaffen Rahmen und Kategorien für Erlebtes, sie ordnen es ein und führen dazu, dass Erfahrungen sprachlich bzw. szenisch formatiert und geteilt werden können. Insofern ist der Modus des Literarischen eine Form der Welterschließung, eine universale kulturelle Praxis, die jeder kennt und an der sich Kinder schon früh aktiv versuchen. Wenn dem so ist, muss man tatsächlich sagen: Ja, Geschichten (Prosa),

Gedichte (Lyrik) und gespielte Szenen (Dramen) verstehen sich insofern von selbst, als dass sie ihrerseits ja leisten, was wir Verstehen nennen, nämlich das Einordnen von Phänomenen in einen Zusammenhang, in ein Bedeutungsgefüge. Kurz gesagt: Man muss sie nicht eigens verstehen oder gar im Unterricht erklärt bekommen, sie sind selbst eine Form des Verstehens.

Against Interpretation

Auf dieser Basis lassen sich das literaturwissenschaftliche Geschäft der Interpretation und seine Ausläufer im Literaturunterricht trefflich kritisieren. Die schönsten Polemiken zu diesem Thema beziehen sich auf Susan Sontags Essay „Against Interpretation" (1980). Dort nimmt sie das Geschäft des literaturwissenschaftlichen Interpretierens folgendermaßen aufs Korn:

> „In ihrer Anwendung auf die Kunst geht die Interpretation zunächst so vor, daß sie aus dem Werk im ganzen eine Reihe von einzelnen Elementen (X, Y, Z und so weiter) isoliert und sich dann an eine Art Übersetzungsarbeit macht. Der Interpret sagt: Sehen Sie denn nicht, daß X eigentlich A ist (oder bedeutet)? Daß Y eigentlich für B und Z für C steht?" (Sontag 1980, 11).

Der Essay endet mit dem schönen, obwohl durchaus dunklen Satz: „Statt einer Hermeneutik brauchen wir eine Erotik der Kunst" (S. 18). Hans Magnus Enzensberger nimmt Susan Sontags Furor über das literaturwissenschaftliche Interpretieren auf und schildert in seinem Essay mit dem Titel „Ein bescheidener Vorschlag zum Schutz der Jugend vor den Erzeugnissen der Poesie" das Leiden von SchülerInnen, die seine Gedichte interpretieren müssen und sich hilfesuchend oder auch empört an ihn wenden mit der Bitte, die Richtigkeit von Interpretationen zu bestätigen, mit denen sie im Unterricht gescheitert sind[2]. Die beiden Essays lesen sich so wunderbar, dass man sofort geneigt ist, den Literaturunterricht insgesamt

[2] Allerdings ist man versucht, die Polemik zurück zu geben: Gibt es etwas Verlogeneres als einen Autor, der darum bittet, dass seine Werke nicht zur Schullektüre werden? Denn das ist die annähernd einzige Chance für seine Texte, kulturell zu überdauern, wie auch er weiß (→ 7).

zu ersetzen durch ausschließliche Lektüre von Literatur, die selbst etwas zu sagen hat.

Allerdings – kann es egal sein, welche Literatur in der Schule gelesen wird (→ 7)? Wie sollen denn Literaturlisten zusammengestellt werden, wenn nicht, indem man zu formulieren versucht, was es ist, was ein Text zu sagen hat? Ein weiteres Gegenargument: Wer literarisch liest, erfährt auch, dass das eigene Textverstehen sich weiterentwickelt, lebensgeschichtlich, aber auch situativ, wenn man sich mit anderen über die Lektüre austauscht. Das Verstehen wird erweitert oder präzisiert, indem man es zu formulieren versucht, die Bewertung des Textes wird argumentativ legitimiert und damit klarer usw. Diese Erfahrung lässt sich generalisieren: Literatur ist auf Kommunikation angelegt. Das ist deshalb der Fall, weil Literatur selbst eine Form von Kommunikation ist: Texte sprechen zu uns, wir antworten in unserer inneren Inszenierung im Resonanzraum unseres gelebten Lebens. Durch den Austausch mit anderen und vor allem in der gezielten Literaturbegegnung mit herausfordernden Texten im Rahmen der Schule wächst uns im Verlauf der Biografie ein Mehr an literarischen Verstehensfähigkeiten zu. Kurz gesagt: In der Interpretation manifestiert sich Verstehen und damit auch die Fähigkeit, an literarischer Kommunikation teilzuhaben. Diese Fähigkeit wird uns nicht in die Wiege gelegt, sondern sie wird über gesteuerte Erfahrung erlernt (→ 11).

Aber, um noch einmal Susan Sontags Polemik gegen das textanalytische Interpretieren aufzunehmen: Ist es nicht doch so, dass sich gerade die ästhetische Dimension von Texten intuitiv erschließt? Wenn es oben hieß, dass Literatur selbst eine Form des Weltverstehens ist, so betrifft das doch fundamentale Fähigkeiten, die nicht erlernt werden können, sondern Kindern und Jugendlichen zuwachsen. Warum sollen literarische Texte auch in der Schule in bestimmten, den Regeln der Wissenschaft nachempfundenen Arbeitsschritten interpretiert werden?

Um diese Fragen zu klären, fokussieren wir im Folgenden den Begriff der Schönen Literatur: Sie wird, wie in der vorherigen Frage schon ausgeführt, sowohl in der Produktion als auch in der Rezeption durch kulturell gewachsene Gewohnheiten des Verstehens bestimmt, zusammenfassend: durch die Ästhetik- und die Polyvalenzkonvention, wie in Frage 7 ausgeführt. Diese Konventionen können relativ einfach zu realisieren sein, wie es bei Literatur für Kinder der Fall ist, und relativ komplex werden, wenn es um Literatur aus anderen Zeiten, Kulturen oder um anspruchsvolle Literatur für Erwachsene geht. Welche Anforderungen stellen diese beiden Konventionen an die Lesehaltung des Rezipienten? An Beispielen soll das im Folgenden demonstriert werden.

Was fordert poetische Sprache von ihren LeserInnen?

> **Leitungspaare**
>
> Die Adern sind zu
> Leitungspaaren
> Zusammengefasst.
>
> In hochwertigen Leitungen
> Sind die Zwillingsleitungen
> Jeweils in Folie eingewickelt.
>
> Außen schützt eine Isolation
> die feinen Adern
> Schirmung vor Störsignalen
> Netzeinspeisung.

Wir beginnen mit dem Gedicht im nebenstehenden Kasten. Wenn man es einer Gruppe von Studierenden der Literaturwissenschaft vorlegt mit der Bitte, eine kurze Interpretation zu schreiben, erhält man inspirierende und originelle Ergebnisse: Die fragile Verfassung der emotionalen Verbindungen von Mann und Frau wird mit der Vernetzung solcher Paare in gesellschaftliche Strukturen zusammengedacht, es werden interessante sprachliche und inhaltliche Potentiale erkannt. Was die Studierenden nicht wissen können: Der Text wurde gar nicht unter dem Anspruch der Polyvalenz- und Ästhetikkonvention geschrieben. Es ist bloß ein Textbaustein aus einer Anleitung zum Selbstverlegen von LAN-Kabeln, leicht gekürzt und mit verändertem Zeilenumbruch. Aber er ist durch diese Eingriffe zum Gedicht geworden.

Es geht bei solchen Experimenten, die in der Forschung schon häufig durchgeführt wurden, nicht darum die TeilnehmerInnen „hereinzulegen" – sie lösen solche Aufgaben oft klug und sachkundig –, sondern darum, zu zeigen, dass die Studierenden angesichts der äußeren Form des Textes richtiger Weise eine spezifische Lesehaltung einnehmen, um sich den Text zu erschließen: Sie orientieren sich an der Ästhetikkonvention, indem sie dem Klang der Wörter, ihrem metaphorischen Gehalt, den eigenen Assoziationen usw. nachspüren, und an der Polyvalenzkonvention, indem sie nach Bedeutungen „zwischen den Zeilen" suchen. Diese Lesehaltung unterscheidet sich deutlich von der, die für Sachtexte angemessen wäre: Es wird beispielsweise nicht nach unmittelbaren Referenzen in der außertextuellen Wirklichkeit gesucht, sodass „Leitungspaare" und „Isolation" nicht mit der Wissensdomäne „Elektrik" verbunden werden.

Um die Anforderungen literaturspezifischer Konventionen an das Lesen zu zeigen, untersuchen wir nun ein Gedicht, das tatsächlich auch unter diesem Anspruch geschrieben wurde, nämlich das wohl berühmteste Gedicht von Friedrich Hölderlin: „Hälfte des Lebens", entstanden 1803. Zunächst fällt auf, dass die einzelnen Verse kaum einen plausiblen syntaktischen und semantischen Zusammenhang untereinander haben: Wenn das Gedicht eine Erzählung oder auch nur eine Beschreibung sein soll, so ist sie syntaktisch fehlerhaft und semantisch unverständlich. Aber es gibt – sozusagen im Gegenzug – starke sinnliche Eindrücke: Gelbe Birnen hängen in der ersten Strophe herab, auch üppig-viele wilde Rosen. Zu den Birnen gehört Reife und Süße, zu den Rosen wohl ein starker Duft, und beides hängt in den See … eventuell nicht wörtlich, vielleicht spiegeln sie sich darin, was ihre Fülle verdoppelt und die Stille des Bildes aufruft. Dann werden Schwäne als hold angesprochen, Küsse, noch ein sinnliches Moment, haben sie getauscht. Die vielen Küsse haben sie trunken gemacht, aber das Wasser ist doch nüchtern – eine Opposition, die sich nicht auflösen lässt. Hinzu kommt noch die Heiligkeit des Wassers, womit eine transzendente Sphäre angesprochen wird, auch das Entrückte, Vollkommene der Szenerie. Insgesamt: Die Sprache appelliert vielfältig an die Sinne und ruft Bedeutungen über die Wörtlichkeit hinaus auf. Es braucht gewissermaßen die sinnlich-bildliche Imagination aller syntaktisch kaum verbundenen Elemente, um nachzuvollziehen, dass ein lyrisches Ich hier eine reiche, warme, harmonisch in sich ruhende Naturszene betrachtet, oder vielmehr anrufend preist, man möchte fast sagen: anbetet.

Hälfte des Lebens

Mit gelben Birnen hänget
Und voll mit wilden Rosen
Das Land in den See,
Ihr holden Schwäne,
Und trunken von Küssen
Tunkt ihr das Haupt
Ins heilignüchterne Wasser.

Weh mir, wo nehm' ich, wenn
Es Winter ist, die Blumen, und wo
Den Sonnenschein,
Und Schatten der Erde?
Die Mauern stehn
Sprachlos und kalt, im Winde
Klirren die Fahnen.

(Hölderlin, Sämtliche Werke 2, 1957, S. 121.)

Umso härter erscheint der Bruch zur zweiten Strophe: „Weh mir" kann als ein Aufschrei wahrgenommen werden. Er gilt der Vorausahnung des Winters. Unterstützt wird das Heftige durch die jähe Betonung der ersten Silbe, den Trochäus, nach dem vorherrschenden Jambus zuvor. Mit den bloß rhetorischen Fragen nach Blumen und Sonnenschein wird der Mangel ins Zentrum gerückt, es fehlen Licht und Wärme. Dagegen herrschen Sprachlosigkeit und Kälte: Der Winter erscheint als Symbol für den Tod, eine Verbindung, die auch kulturell verankert ist. Zudem klirren die Fahnen – es gibt sprachlich die „klirrende Kälte", aber auch das Klirren, wenn etwas Hartes zerschellt: Der Klang des Wortes hat selbst etwas Schmerzhaftes. Statt der üppigen, farbigen, warmen und ruhenden Landschaft der ersten Strophe gibt es hier nur die kalten Mauern, den Wind und aggressive Klänge. Insgesamt: Auch in der zweiten Strophe erfahren zugewandte LeserInnen sinnliche Eindrücke und gelangen so zu einer Opposition zwischen den beiden Strophen: Sommer und Winter, Wärme und Kälte, Lobpreisung und Klage stehen einander gegenüber. Lesetechnisch ausgedrückt: Eine Superstruktur des Textes ist erfasst. Wenn die Überschrift in die leserseitige Suche nach Kohärenz einbezogen wird, ergibt sich ein globaler Zusammenhang zwischen den Strophen: Die zwei Hälften des Lebens werden mit den Bildern von Sommer und Winter angesprochen. Der ganze Text, so kann man interpretieren, drückt Angst und Verzweiflung vor der Zukunft aus, vor dem Alt-Sein, dem Tod. Damit ist seine „Makroproposition" benannt, sein übergeordnetes Thema.

Nun ist es doch gelungen, in dem Text, der im ersten Eindruck inkohärent scheint, einen Zusammenhang zu konstruieren und ihm insgesamt Relevanz zuzusprechen – in diesem Fall: ihn zu interpretieren. Weil die syntaktischen Bezüge teils fehlen, haben wir dafür auf die Sinnlichkeit des sprachlichen Ausdrucks zurückgegriffen und Zusammenhang über alternative Verstehensstrategien hergestellt: Wir haben Bilder imaginiert. Für einige Elemente haben wir den Sinn übertragen – Sonnenschein haben wir z. B. mit Wärme und Licht übersetzt. Gelungen ist das aber nur, weil wir uns als Subjekte haben ansprechen lassen, das heißt: Wir haben die Bereitschaft aufgebracht, die Bilder und Klänge als außersprachliche Erfahrungsqualitäten in uns aufzurufen und sie strategisch für die Bildung von Kohärenz und Relevanz einzusetzen.

Was also bedeutet es, der „Ästhetik-Konvention" lesend zu entsprechen? Zunächst und generell gesagt werden wir (beispielsweise durch dysgrammatische Sätze) daran gehindert, die Bedeutungen der Wortgruppen unbewusst und automatisch zu ergänzen. Stattdessen lesen wir weit langsamer und spüren den Resonanzen des Textes in unseren sedimentierten Erfahrungen nach. Dass Automatisierung der Bedeutungsbildung für effizientes Lesen notwendig ist, wurde bei der Erläuterung der Lesekompetenzmodelle und der Förderung des flüssigen Lesens erläutert (→ 3); für poetisches Lesen braucht es dagegen auch De-Automatisierung. Poetische Sprache steigert leserseitig die Schwierigkeit und Dauer der Textverarbeitung. Und die Polyvalenzkonvention? Poetische Sprache öffnet Bedeutungsräume. Andere Interpreten setzen womöglich andere Schwerpunkte und Horizonte, beispielsweise könnten sie das Gedicht auf die biografische Situation Hölderlins beziehen. Und doch ist das Verständnis nicht völlig der subjektiven Willkür überlassen: Alle textbasierten Interpretationen werden untereinander Verwandtschaften aufweisen.

Was heißt „poetische Sprache verstehen"?

Bei der Suche nach Zusammenhang und Bedeutsamkeit in einem poetischen Text können und sollen wir nicht (allein) auf die Alltagssprache und ihre Syntax und Semantik zurückgreifen. Texte, die gemäß der die Ästhetik-Konvention in mehr oder weniger starkem Ausmaß herausfordern, verlangen von ihren LeserInnen, wie ausgeführt, spezifische Strategien. Beispielsweise forderte das Hölderlin-Gedicht,

- Sprache sinnlich zu erfahren, ihrem Klang nachzuspüren;
- bildhaft zu imaginieren, Worte in Bilder zu übersetzen;
- die je eigenen Erfahrungsqualitäten aufzurufen, sich als Subjekt einzubringen;
- Empfänglichkeit für symbolische Bedeutungen;
- die Andersartigkeit (Alterität) des Ausdrucks und der Inhalte wahrzunehmen.

In seiner Beschreibung von Aspekten ästhetischer Bildung nennt der Literaturdidaktiker Kaspar H. Spinner (2016) neben diesen fünf noch einen sechsten Punkt: Ästhetische Erfahrung konfiguriert auch eine andere Zeitlichkeit. In ihr lösen wir uns aus dem Kontinuum und der Handlungsorientierung des Alltags, der Augenblick gewinnt ein ganz anderes Gewicht. Hätten wir an Hölderlins Gedicht nicht gleich unsere Interpretation angeschlossen, sondern es für sich stehen lassen, wäre den sorgfältigen und kundigen LeserInnen im Sich-Einlassen auf den Text dieses Merkmal einer eigenen Zeitlichkeit nicht entgangen. Über jeden dieser Punkte ließe sich eigens nachdenken – hier sollen sie nur genannt werden, um zu zeigen, dass literarisches Verstehen nicht nur spezifische Aufmerksamkeiten, sondern auch spezifische Verstehensstrategien braucht, und zwar solche, die bei Sachtexten in der Tendenz nicht angewendet werden.

Wie würde ein Grundschulkind das Hölderlin-Gedicht verstehen? Wir wissen es nicht, aber wir können uns gut vorstellen, dass es zu jeder der beiden Strophen ein treffendes Bild malen könnte. Denn gelbe Birnen und duftende Rosen, kalte Mauern und klirrende Fahnen sind ihm in ihrer stark ausgedrückten Gegensätzlichkeit durchaus zugänglich. Den Abstraktionsschritt bis hin zu der Makroproposition „Todesfurcht" könnte es wohl kaum nachvollziehen oder gar selbst bilden. Denn dazu braucht es die Schulung spezifischer Aufmerksamkeit für die Regeln poetischer Sprache, auch abstrahierendes formales Denken, das Kindern erst später zuwächst, sowie beispielsweise das Wissen, dass Lebensverläufe literatursprachlich oft mit den Jahreszeiten assoziiert werden.

Die Bedeutung von Genrewissen

Was bewegt LeserInnnen dazu, einem Text gegenüber spontan eine ästhetische Lesehaltung einzunehmen und die entsprechenden Lesestrategien anzuwenden? Ganz offensichtlich paratextuelle Merkmale wie etwa das Wort „Roman" auf dem Buchdeckel. Bei isolierten Texten wie unseren Gedichten ist es die Textform, die schon vor dem konkreten Leseprozess oder mit den ersten Zeilen identifiziert wird und zu einer spezifischen Haltung gegenüber dem Text führt.

Die Kenntnis unterschiedlicher Textformen ist, wie im Kapitel „Lesekompetenz" schon angesprochen, generell ein bedeutender Teil ausgebildeter

Lesefähigkeiten, ob es sich nun um Sach- oder literarische Texte handelt. Die rhetorische Organisation des Inhalts ist dann, wenn der Text in eine Kategorie, nämlich ein Genre passt, konventionell geregelt und lässt sich wiedererkennen. Genre-Wissen präfiguriert die mentale Haltung und das Set an Lesestrategien, mit denen LeserInnen einem Text begegnen. Literarische Texte, die aus fernen Zeiten oder Kulturen stammen, oder solche, die avantgardistisch experimentieren, stellen ihre LeserInnen vor das Problem, wie sie überhaupt zu lesen, vor welchem Hintergrund sie zu verstehen sind – welche Konventionen sind für sie maßgeblich? Bekannte Genres – z. B. Kinderkrimis, Witze, realistische Romane – erlauben dagegen schon vor dem eigentlichen Leseakt eine Einordnung in ein rhetorisches Grundmuster. Die Variation dieses Musters, die der konkrete Text dann vornimmt, kann dann umso präziser wahrgenommen werden, und zwar auch dann, wenn der Textinhalt unbekannt ist. Wegen dieser großen Bedeutung des Genres hat es eine gewisse Logik, dass der Literaturunterricht ab der fünften Klasse im Wesentlichen nach Textsorten strukturiert ist.

„In den alten Zeiten, wo das Wünschen noch geholfen hat, lebte ein König, dessen Töchter waren alle schön; aber die jüngste war so schön, dass die Sonne selber, die doch so vieles gesehen hat, sich verwunderte, sooft sie ihr ins Gesicht schien." Wer diesen Anfang des „Froschkönig" der Brüder Grimm liest, weiß, dass nun von einer Anderswelt erzählt wird, in der es wunderbar zugeht, der man mit Optimismus begegnen kann und in der Prinzen, magische Handlungen, sprechende Tiere und weitere kontrafaktische Elemente eine Rolle spielen könnten. Eine ganz andere Erwartung wird mit folgendem Anfang geweckt: „Die haben mir meine Beine geflickt und haben mir einen Posten gegeben, wo ich sitzen kann. ich zähle die Leute, die über die neue Brücke gehen." So beginnt die Kurzgeschichte „An der Brücke" von Heinrich Böll. Der Text springt unvermittelt in eine Gegenwart, die auch die unsere sein (oder gewesen sein) könnte. Es wird realistisch erzählt, oft eine besonders zugespitzte, aussagekräftige Situation – aussagekräftig für die (jeweilige) gesellschaftliche Gegenwart. Und wieder anders erzählt folgendes Beispiel: „Ein Lämmchen löschte an einem Bache seinen Durst. Fern von ihm, aber näher der Quelle, tat ein Wolf das gleiche. Kaum erblickte er das Lämmchen, so schrie er: ‚Warum trübst du mir das Wasser, das ich trinken will?'" Fabel und Parabel sind dezidiert lehrhafte Textsorte in dem Sinn, dass sie uns etwas zu verstehen geben, indem sie eine Szene, ein realitätsfernes Denkbild konstruieren, das von den LeserInnen anschließend gewissermaßen übersetzt werden muss, um die Aussage zu erkennen.

Diese drei fundamentalen Muster – wunderbares, realistisches und parabolisches Erzählen – kennen oft schon sehr junge Kinder, ohne dass sie das Genre benennen oder gar abstrakt beschreiben könnten. Wie beim Sprechen auch, bei dem lange vor dem Erwerb von Grammatikkenntnissen komplexe Satzkonstruktionen gebildet werden, sind beim Geschichten-Verstehen solche elementaren Muster („Textgrammatiken") früh verfügbar und bilden gewissermaßen ein Geländer für das Textverstehen. Im Literaturunterricht werden sie ausdifferenziert in die Vielfalt der Textsorten. Für SchülerInnen, die wenig Erfahrungen mit literarischen Texten haben, ist es besonders wichtig, solches „stummes Wissen" explizit zu erläutern, um auch ihnen Genrewissen als elementare Verstehenshilfe zugänglich zu machen.

Oft geschieht das im Schulunterricht nach relativ starren Merkmalslisten; in der Konsequenz bleibt das Wissen schematisch. In der aktuellen fachdidaktischen Diskussion wird dem Literaturunterricht seine diesbezügliche Erfolglosigkeit nachgewiesen (Köster 2015). SchülerInnen erkennen nämlich beispielsweise ein modernes Märchen nicht als solches, wenn sie gelernt haben, dass Märchen mit „Es war einmal" anfangen und gut ausgehen. Gegenwärtig wird diskutiert, die Merkmalslisten aus didaktischen Kontexten ganz zu verbannen und exemplarisch die „Welten" vorzustellen, die Genres ansprechen: Mit den Beispielen oben wären das wunderbare Anderswelten (Märchen, Fantasy …), realistische Welten (Kurzgeschichten, Romane …) und „uneigentliche", parabolische Szenerien (Fabeln, Parabeln …). Dabei hilft, Genres oder Textsorten wie Schubladen zu verstehen, die eine mehr oder weniger grobe Kategorie darstellen: Welcher Typ von Welt wird hier entworfen? Konkrete literarische Texte passen in eine solche Schublade mit einigen ihrer Aspekte hinein, mit anderen weniger oder gar nicht. Dafür braucht es die Kenntnis von möglichst vielen Exemplaren eines Genres, weniger die Fokussierung auf einen vermeintlichen Prototyp wie beispielsweise die Zaubermärchen der Brüder Grimm (vgl. ebd.).

Solche stärker auf Intuition und Genre-Erfahrungen setzende Zuordnungen folgen dann der Logik des Wittgensteinschen Denkbilds von der

„Familienähnlichkeit", das folgendermaßen aussieht: Nicht alle Mitglieder einer Familie weisen bestimmte gemeinsame Merkmale auf, beispielsweise haben durchaus nicht alle eine bestimmte Nasenform. Wenn mehrere von Ihnen aber beieinander stehen, erkennt man doch, dass sie einer gemeinsamen Familie angehören: Denn ein Mitglied ähnelt mit den Merkmalen a und b dem anderen Mitglied, aber mit den Merkmalen c und d einem dritten und so fort. Insgesamt sind sie durch eine offene Menge an Merkmalen einander jeweils mehr oder weniger ähnlich – es mag sein, dass man zwischen zweien gar keine Gemeinsamkeiten findet, bis ein Dritter hinzutritt, der verschiedene Merkmale der beiden ersten zeigt. Auf den Literaturunterricht umgelegt heißt das: Es gibt nicht den einen Prototyp, der die Kategorien für die Zuordnung eines Textes zu einer Textsorte liefern würde. Wichtiger als Merkmalslisten für Textsorten ist die Kenntnis möglichst vieler Exemplare, aus denen sich in den Köpfen der LeserInnen ein kognitives Schema für die einzelnen Textsorten herauskristallisiert.

Dass diese „Schubladen", dass Genres also historisch formatiert sind – Textformen entstehen und verbreiten sich, sie werden aber auch durch andere, neue überlagert oder abgelöst – ist leider kaum Gegenstand des Schulunterrichts, wie überhaupt systematische Literaturgeschichte in den Standards weitgehend der Oberstufe vorbehalten ist. Das ist keineswegs sinnvoll – es steht aber auf einem anderen Blatt.

Wir fassen zusammen:

Literarische Texte werden schon in den individuellen Leseprozessen interpretiert. Der Literaturunterricht greift diese Text-Leser-Kommunikation auf und macht Angebote zu ihrer Weiterentwicklung. Poetische Sprache fordert andere Verstehensstrategien als Alltagssprache; entsprechend ist es eine Kernaufgabe des Literaturunterrichts, eine angemessene Lesehaltung bei literarischer Lektüre zu entwickeln und zu fördern. Dazu gehört u. a. Sprachaufmerksamkeit, bildliches und analoges Denken, Empfänglichkeit für literatursprachliche Gestaltung, Toleranz für offene Bedeutungsräume und Akzeptanz von inhaltlich und sprachlich Ungewohntem. Den Herausforderungen von erzählender Literatur kann schulisch vor allem durch die Vermittlung von Genrewissen entsprochen werden. Denn Textsortenkenntnisse bewirken eine bedeutende Unterstützung der Textverarbeitung auch beim literarischen Lesen.

Welche Anforderungen stellt das an die Lehrperson? Welches Wissen, welches Können braucht sie?

Literarische Texte als ästhetische in Erscheinung treten zu lassen und zu würdigen, fordert von der Lehrperson, das individuelle ästhetische Verstehen, auch ihr eigenes, im Unterricht inszenieren zu können. Poetische Sprache als solche zu rezipieren – und nicht auf die Extraktion des Inhalts zu reduzieren – verlangt den Einsatz spezifischer Lesestrategien, die die Lehrperson kennen, demonstrieren und fördern sollte. Denn Literatur erfordert eine ihr angemessene Lesehaltung, die die Bereitschaft, subjektiv interpretativ tätig zu werden, einschließt. Die Orientierung des Literaturunterrichts an Textsorten ist in lesedidaktischer Hinsicht sinnvoll, sie sollte auf offene Kategorien für Textsorten angelegt sein.

Zum Weiterlesen:

Spinner, Kaspar H. (2017): Interpretation (literarischer Texte). In: Jürgen Baurmann; Clemens Kammler; Astrid Müller (Hrsg.): Handbuch Deutschunterricht. Theorie und Praxis des Lehrens. Seelze: Kallmeyer und Klett, S. 193–196.

Köster, Juliane (2015): Merkmalslisten, Prototypen, Exemplare. Wege zur Didaktisierung von Gattungs- und Genrewissen. In: Leseräume. Zeitschrift für Literalität in Schule und Forschung. Jg. 2, H. 2, S. 59–71. http://leseräume.de/?page_id=308 (Zugriff 15.6.2019).

9 · Welche Ziele verfolgt der Literaturunterricht?

Auf welche Ziele soll sich der Lese-Literaturunterricht ausrichten? Das ist eine normative Frage, also eine, auf die man sich einigen muss; sie kann nicht aus einer bestehenden Praxis abgeleitet werden. Um zu verstehen, wie sie gegenwärtig diskutiert wird, lohnt sich ein kurzer Blick in die Geschichte von Lektürenormen.

Mit der zunehmenden Alphabetisierung der Bevölkerung ab dem ausgehenden 18. Jahrhundert war zunächst ausgemacht, dass Lektüre von Geschriebenem grundsätzlich dem Lernen und der Erziehung gilt. Lektüre wurde in der Epoche der Aufklärung „auf die Verbesserung sachbezogener sowie moralischer Einsichten“ bezogen, so Bettina Hurrelmann in ihrer Explikation von „Bildungsnormen als Sozialisationsinstanz“ (2004, 298). Diese Zuschreibung hat bis heute Bestand: Lesen dient dem vernunftbegabten Menschenwesen zum rationalen und mündigen gesellschaftlichen Handeln (→ 1). Diese aufklärerische Sicht auf Lesen bleibt aber nicht die einzige Lesenorm: Im Humanismus des 19. Jahrhunderts wird der Wert insbesondere des literarischen Lesens für die Persönlichkeitsentwicklung des Individuums bestimmend, ohne deshalb die ältere Norm aufzuheben. Kern des vorherrschenden Lesebegriffs wird nun die Lektüre der Werke großer Dichter, der Klassiker. Ihre Rezeption gilt als eine Ganzheitserfahrung, die „kognitive, moralische und hedonistische Momente integriert" (ebd., 299) und so die Lesenden umfassend bildet. Das Bürgertum grenzte sich in dieser Zeit auch durch literarische Bildung, durch „Belesenheit", demonstrativ von anderen sozialen Schichten ab. Dass literarische Lektüre mühelos Spaß machen und der Unterhaltung dienen soll, war dieser humanistischen Bildungsnorm des 19. Jahrhunderts noch völlig fremd. Erst in der zweiten Hälfte des 20. Jahrhunderts und mit dem Aufkommen weiterer Unterhaltungsmedien wird an literarische Lektüre die Forderung herangetragen, emotionale Erlebnisbedürfnisse zu befriedigen, also zu entspannen und zu unterhalten. Alle drei Bildungsnormen – Lesen um zu lernen, Lesen um sich zu bilden, Lesen zur Unterhaltung – sind trotz ihrer Widersprüchlichkeit gegenwärtig wirkungsmächtig als kulturelle Richtschnüre in den Prozessen der literarischen Sozialisation. Sie werden in den Familien und sozialen Interaktionen weitergegeben und spielen bei der Auswahl von Büchern und der Bestimmung von Zielen für den Literaturunterricht eine zentrale Rolle.

Ziele des Literaturunterrichts

Insofern wundert es nicht, dass diese Normen auch in gegenwärtigen Konzepten der Literaturdidaktik lebendig sind. In einem Handbuchartikel benennt der Literaturdidaktiker Kaspar H. Spinner sechs Zielsetzungen des Literaturunterrichts (s. Kasten S. 105, Benennung teilweise in Anlehnung an Spinner 1999/2001).

Literarische Bildung im klassischen Sinn ist eine davon. SchülerInnen sollen herausragende Werke des literarischen Erbes kennen; sie sollen auch lernen, sie in epochen- bzw. geistesgeschichtliche Zusammenhänge einzuordnen und aus ihnen heraus zu verstehen. Einerseits, weil ihnen u. a. dadurch Teilhabe an der Geschichte und Kultur ihrer Sprachgemeinschaft ermöglicht wird. Auf der anderen Seite aber auch deshalb, weil diese immer wieder gelesenen und interpretierten Werke existenzielle Grundfragen in einer bis in die Gegenwart gültigen Weise verhandeln: Was ist Liebe? Was Tod, Natur, Melancholie, Macht, Gewalt, was verleiht dem Leben Sinn – in anderen Zeiten, heute (→ 7)? Literatur verhandelt

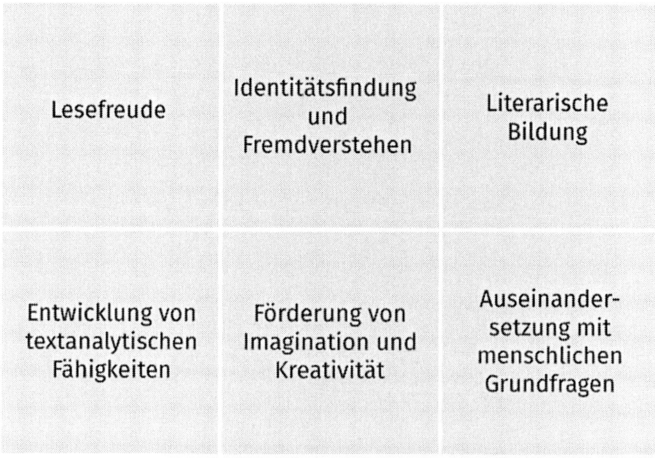

solche grundlegenden Fragen. Ihr Angebot für die LeserInnen ist dabei anders formatiert als das der Wissenschaften, sofern diese solche umfassenden Themen aufnehmen: Die Wissenschaften spalten sie in viele Disziplinen auf. Literatur verhandelt sie dagegen ganzeitlich, konkret und exemplarisch und macht sie damit auch Nicht-Experten zugänglich – Kindern, Jugendlichen, uns allen. Allerdings sind es nicht nur die großen kanonischen Werke, die diese elementaren Fragen aufrufen. Das können auch weniger tradierte Texte leisten. Insofern ist es sinnvoll, das Ziel „Begegnung mit menschlichen Grundfragen" als eigenes zu benennen.

Zwei weitere Ziele des Literaturunterrichts richten sich auf die Entwicklung von Imaginationsvermögen und Fremdverstehen; sie betreffen die Entwicklung der Persönlichkeit der Lesenden. Es sind beides individuelle Fähigkeiten, die nicht ausschließlich durch literarisches Lesen gebildet und auch nicht allein dafür benötigt werden. Aber um sie zu entwickeln, ist literarische Lektüre ein priviligiertes Feld: Wie oft im faktischen Leben lernen wir einen Menschen so detailliert, so persönlich und emotional nah kennen wie eine Figur in einem realistischen Roman? Nicht sehr oft! Die Lektüre literarischer Texte verlockt zu ausgeprägten Imaginationen anderer Lebensumstände, Erfahrungen, Kulturen, Zeiten, Befindlichkeiten. Sie erlaubt uns, Handlungen, Ereignisse und Figuren, die nicht in unserem Aktionsradius liegen, von innen heraus zu verstehen. Oft wird beispielsweise behauptet, dass Männer und Frauen einander prinzipiell nicht verstehen könnten – aber diese Meinung ist leicht zu widerlegen, indem auf literarische Erfahrungen verwiesen wird.

Identität formt sich in der Begegnung mit anderen; im Heranwachsen wird die Frage nach dem eigenen Ich drängend, in der Pubertät wird das kindliche Weltverhältnis in oft besonders heftiger Weise instabil. Nicht, dass eine literarische Erfahrung die Frage nach der Identität der LeserIn lösen könnte. Aber indem sie fremde Identitäten zugänglich macht, greift sie sie auf und bietet Bedeutungsräume, um sie zu bearbeiten.

Schließlich gilt es im Literaturunterricht nicht nur Literatur zu erfahren, sondern auch Wissen zu erwerben: Wie lässt sich ein Text gewinnbringend untersuchen? Damit eng verbunden ist die Fähigkeit, sich im Lesen nicht nur in die imaginierten Welten einbinden zu lassen, sondern sie auch zu durchschauen und kritisch einzuordnen, ganz im Sinne des aufklärerischen Ideals. Und als wäre das alles nicht schon mehr als genug: Der Literaturunterricht soll auch für das literarische Lesen begeistern können, sodass es zu einer lebensbegleitenden Gewohnheit wird. Leseförderung, nun bezogen auf literarisches Lesen, ist ein basales Ziel des Literaturunterrichts und greift das Unterhaltungsversprechen auf, das mit dieser Lesenorm verbunden ist.

Im Ganzen zeigt sich: Das sind anspruchsvolle Bildungsziele, die womöglich untereinander nicht so einfach in Übereinstimmung zu bringen sind. Sie reichen weit hinaus über die Formulierung des entsprechenden Bildungsstandards: „... kann literarische Texte angemessen lesen und verstehen“ (→ 2). Sie haben SchülerInnen im Sinne eines humanistischen Menschenbildes als „ganze Person“ im Blick; sie beziehen sich auf die „breite Persönlichkeitsentwicklung“, die Schule qua ihrem Auftrag zu erfüllen hat. Insgesamt sind diese Ziele dem Gedanken verpflichtet, das literarisches Lesen zur Individuation, zur Sozialisation und zur Enkulturation von (jungen) Menschen einen wichtigen Beitrag leisten kann und – Ziele sind normative Setzungen – das auch soll (→ 1).

Wie können diese weit gesteckten Ziele in Unterrichtssituationen, die institutionell formatiert sind, konkret verwirklicht werden? Methodisch ausgerichtete Konzeptionen, die die Literaturdidaktik entwickelt hat, beantworten diese Frage unterschiedlich; wir gehen an anderer Stelle darauf ein (→ 11, 12).

Aspekte literarischen Lernens

Man könnte also sagen: Die Zielsetzungen des Literaturunterrichts gehen über das (bloße) Umgehen-Können mit Literatur hinaus, denn sie zielen auch Bildungsprozesse an, die sich auf die Persönlichkeit beziehen und *durch* Literaturerfahrungen stattfinden sollen. Was aber genau muss getan werden, um in Gang zu setzen, was der Literaturunterricht spezifisch anzielt, nämlich die Fähigkeit *zu* Literaturerfahrungen zu entwickeln? (Vgl. zum Erfahrungsbegriff in der Literaturdidaktik Rank/Bräuer 2008).

Die derzeit maßgebliche Bestimmung von „literarischem Lernen" hat wiederum Kaspar H. Spinner formuliert, im Jahr 2006 in der Fachzeitschrift „Praxis Deutsch". Er erläuterte eine Anzahl von „Aspekten", durch die sich literarisches Lernen genauer fassen lässt. Trotz der Unschärfe dieses Begriffs „Aspekte" (Aspekte sind „Gesichtspunkte" oder „Momente") wurde diese Zusammenstellung praktisch einflussreich bis hin zur Unterrichtsgestaltung in den Schulen.

Elf Aspekte literarischen Lernens
(Spinner 2006)

1. Beim Lesen und Hören Vorstellungen entwickeln
2. Subjektive Involviertheit und genaue Wahrnehmung miteinander ins Spiel bringen
3. Sprachliche Gestaltung aufmerksam wahrnehmen
4. Perspektiven literarischer Figuren nachvollziehen
5. Narrative und dramatische Handlungslogik verstehen
6. Mit Fiktionalität bewusst umgehen
7. Metaphorische und symbolische Ausdrucksweise verstehen
8. Sich auf die Unabschließbarkeit des Sinnbildungsprozesses einlassen
9. Mit dem literarischen Gespräch vertraut werden
10. Prototypische Vorstellungen von Gattungen/Genres gewinnen
11. Literaturhistorisches Bewusstsein entwickeln

Einige dieser Aspekte greifen die zuvor formulierten generellen Ziele des Literaturunterrichts auf. „Imaginationsfähigkeit" und der „Nachvollzug von Perspektiven" lassen sich wiedererkennen. Subjektiv in die Lektüre involviert zu sein ist nicht alleine schon ein Wert, wie der zweite Aspekt betont – es kommt darauf an, mit und trotz dieser subjektiven Eingebundenheit in die Textwelt ihre Details genau wahrzunehmen, was, ein weiterer Aspekt, auch die sprachliche Gestaltung betrifft. Spezifisch für das literarische Lernen ist auch die Fähigkeit, die literaturspezifischen Handlungslogiken zu verstehen: Literarisch konfigurierte Welten folgen eigenen, nämlich poetischen Gesetzmäßigkeiten. Beispielsweise ist oft der Himmel grau und verregnet, wenn die literarische Figur bedrückt ist – die eine Schilderung trägt zum Ausdruck der anderen bei, anders als in der Realität. Wer solche Phänomene wahrnehmen und verarbeiten kann, hat u. a. Fiktionsbewusstsein entwickelt – er oder sie erkennt, dass erzählende Literatur nicht direkt auf die tatsächliche Welt referiert, sondern eigene Wirklichkeiten schafft, die sich erst als Ganze auf außertextuelle Wirklichkeitserfahrung beziehen. Fiktionalität bewusst wahrzunehmen ist in einer Zeit, in der virtuelle Welten auch außerhalb der Literatur zunehmend zu kulturellen Tatsachen werden, außerordentlich wichtig. Womöglich ist literarisches Lesen eine unverzichtbare Schulung von Fiktionsbewusstsein, weil es die Abgeschlossenheit einer Geschichte, eines Dramas vergleichsweise einfach macht, Fiktion von Realität zu unterscheiden.

Metaphorische und symbolische Ausdrucksformen sind ureigene literarische Gestaltungsmittel. Auch ihr Gebrauch wird uns nicht einfach in die Wiege gelegt, sondern im literarischen Lernen erworben. Metapher und Symbol haben in literarischen Texten eben nicht ein festes Pendant, auf das sie verweisen, sondern sie interagieren mit den Kontexten, in die sie gestellt sind. Das gilt auch generell für die Sinnbildung in der Lektüre: Dass literarische Sinnbildungsprozesse in offene Bedeutungsräume führen statt zu einem formulierbaren Ergebnis, ist – gerade im Rahmen der Schule mit ihrer Zweckorientierung – für SchülerInnen mit wenig literarischer Erfahrung oft nicht einfach wahrzunehmen und wertzuschätzen. So wichtig es ist, diese Erkenntnis praktisch zu erfahren, so bedeutend ist es auch, ihre Begrenzung wahrzunehmen: Was „zwischen den Zeilen" steht, ist nicht beliebig (→ 7).

Textsorten-Wissen ist wesentlicher Bestandteil von Lesekompetenz und eben auch von literarischem Lernen (→ 8); das zeigt sich schon daran, dass der Literaturunterricht bis zum mittleren Abschluss wesentlich nach literarischen Genres organisiert ist. Bekanntschaft mit basalen literarischen Ausdrucksformen wie Märchen, Fabel und realistischen Erzählungen machen Kinder spätestens in der Grundschule. Aber Novelle, Tragödie, Sonett und die vielen anderen spezifisch literarischen Ausdrucksmuster verlangen gezieltes literarisches Lernen, und zwar im Kontext des Erwerbs literaturhistorischer Kenntnisse und dem entsprechenden Bewusstsein für die Zeiten, in denen die Texte jeweils entstanden sind bzw. kulturelle Wirkung entfaltet haben.

Aus der Liste der „Aspekte" literarischen Lernens fällt „Mit dem literarischen Gespräch vertraut werden" etwas heraus, weil es sich nicht direkt auf die individuellen Fähigkeiten zur Textverarbeitung bezieht, sondern auf den Austausch mit anderen. Bedenkt man aber, dass literarisches Lesen – wie Lesen überhaupt – eine spezifische Form der Kommunikation ist, so ist deren Fortsetzung in Gesprächen über Literatur, wie sie in (und seltener außerhalb) der Schule praktiziert werden, folgerichtig eine Teilfähigkeit (→ 11).

Kann man literarisches Lesen als Kompetenz modellieren?

Die „elf Aspekte", die im Einzelnen formulieren, was zu „literarischem Lernen" gehört, sind, wie schon angedeutet, in der Literaturdidaktik wie auch in den Schulen wirkungsmächtig geworden. Die lese- und literaturdidaktische Online-Zeitschrift „ Leseräume" hat ihnen sogar ein ganzes Heft gewidmet, in dem einzelne dieser Aspekte oder auch alle einer kritischen Revision unterzogen oder auch weiter ausgeführt werden (2015). U. a. wird dort die Frage gestellt, ob diese „Aspekte" denn mit dem Kompetenzgedanken (› 2) in Übereinstimmung zu bringen sind und wie das ggf. geschehen könnte (Maiwald 2015). Bei manchen der Aspekte kann das durchaus gelingen, beispielsweise kann man „Textsorten kennen und erkennen". Bei anderen kommt man mit einer verengenden Reformulierung dem Kompetenzbegriff näher: Während „Fiktionsbewusstsein" schwerlich als Kompetenz umschrieben und überprüft werden kann, wie es im Sinne der Bildungsstandards ja erforderlich wäre, schlägt Maiwald die Formulierung „Die Schülerinnen bestimmen und reflektieren unterschiedliche Realitätsbezüge von Texten" vor. Auch das „Vertraut-Werden" mit dem literarischen Gespräch ließe sich enger auf eine Kompetenz hin zuspitzen: „Die SchülerInnen teilen ihr Textverständnis mit anderen", schlägt Maiwald vor – das wäre z. B. auch empirisch zu erfassen und zu beurteilen. Gleiches gilt auf das „Sich-Einlassen“ auf unabschließbare Sinnbildungsprozesse: Wie will man ein „Sich-Einlassen“ konkret als zu erreichende Fähigkeit modellieren? „Die Bedeutungsoffenheit literarischer Texte erfassen“ könnte man dagegen schon genauer anzielen. Kaum zu messen ist auch das „Miteinander ins Spiel bringen“ von subjektiver Involviertheit und genauer Wahrnehmung, das der zweite der elf Aspekte nennt. Denn: Wie involviert SchülerInnen in fiktionales Geschehen sind, entzieht sich doch zunächst der Verfügungsgewalt und Überprüfbarkeit von außen (Maiwald 2015, 89 ff., vgl. weiterhin Zabka 2006). Andererseits: Ein Forschungsprojekt an der Universität Jena versucht z. Zt. zu klären, ob „kognitive Aktiverung“ (eine entscheidende Größe in der Bewertung von Unterricht aus bildungswissenschaftlicher Perspektive) im Literaturunterricht im Denkrahmen dieses Aspekts modelliert werden kann (Winkler 2017).

Dennoch: Auch mit Umformulierungen und Zuspitzungen bieten die „Elf Aspekte“ kein systematisch schlüssiges Kompetenzmodell, in dem sich alle Teilelemente aufeinander beziehen, wie es beispielsweise für das Lesen vorliegt (→ 3). Fraglich ist, ob so ein Modell aus einzelnen umschriebenen Kompetenzen, die gelehrt, erworben und überprüft werden können, für literarisches Verstehen überhaupt denkbar ist. Denn poetische Sprache mit ihren Weltentwürfen ist keine „Sondersprache“, kein Ausschnitt aus der Alltagssprache oder den sprachlichen Registern von ExpertInnen. Poetische Sprache ist die umfassendste Form der Sprachverwendung; alle spezifischen Formen des Sprechens und Schreibens können darin vorkommen, sogar diejenigen, die es noch gar nicht gibt. Wenn man mit Maiwald (ebd., 92) literarisches Lernen als Persönlichkeitsbildung an literarischen Wirklichkeitsmodellen versteht, greift man auf einen ganzheitlichen Bildungsbegriff zurück, der sich mit einer Operationalisierung in Kompetenzen und Teilkompetenzen schwerlich vertragen kann. Allerdings darf das nicht heißen, dass sich der Literaturunterricht aus der Kompetenzorientierung des Schulunterrichts einfach ausnehmen darf. Sondern: Weil Literatur – anders als die Gegenstände der Sachfächer – die Persönlichkeit der Lesenden notwendig und unmittelbar betrifft, bleibt neben den zu erwerbenden Kompetenzen im literarischen Lernen ein Bereich, in dem der persönliche Zugang zum Text – auch der der LehrerInnen – eine entscheidende Rolle spielt. Es wäre schön, wenn das im Literaturunterricht nicht vergessen würde.

„Literarisches Lernen“ hat, trotz dieser Unschärfen, als Zielperspektive begrifflich Integrationskraft, es kann einige Ziele des Literaturunterrichts ausdifferenzieren und bündeln. Literarisches Lernen ist im Unterricht für *alle* Beteiligten kein neues Feld. Denn es erwächst aus einer schon vor der Schule und neben ihr bestehenden Praxis des poetischen Verstehens, die weiterentwickelt, bewusstgemacht und kultiviert werden soll.

Wir fassen zusammen:

In einer übergeordneten Perspektive dient Literaturunterricht der Persönlichkeitsbildung. In ihm findet literarisches Lernen statt. Das umfasst sowohl Aspekte auf der Ebene des Subjekts wie beispielsweise die Fähigkeit, lebendige Vorstellungen beim Lesen zu entwickeln, die Perspektive von Figuren zu übernehmen oder sich affektiv und kognitiv an der Textwelt zu beteiligen. Es umfasst auch klassische Bildungsziele wie Erfahrungen mit kanonischer Literatur und unterschiedlichen Genres, es umfasst praktisches Können bei der Analyse und Interpretation literarischer Texte und es umfasst schließlich auch die soziale Ebene des literarischen Lesens, indem intersubjektive Verständigung über das Verstehen die Praxis des Literaturunterrichts bestimmt. Dies gilt für alle Altersstufen. Literarisches Lernen lässt sich nicht völlig in die Kompetenzorientierung integrieren, eben weil es auf Momente der Persönlichkeit einerseits ausgerichtet, andererseits angewiesen ist.

Welche Anforderungen stellt das an die Lehrperson? Welches Wissen, welches Können braucht sie?

Lehrpersonen aller Schulstufen sollten sich beim Umgang mit Literatur bewusstmachen, dass Literatur im Unterricht aus zwei Richtungen heraus inszeniert werden sollte: Als personale Erfahrung für jede Schülerin und jeden Schüler und auf der anderen Seite als Unterrichtsgegenstand, dessen Gehalt und Gestalt erfasst und mit Gewinn angeeignet werden kann. Was den Gegenstandsbezug angeht, braucht die Lehrperson dafür entsprechendes Fachwissen, auch in Bezug auf die kinderliterarischen Texte in der Grundschule (→ 10). Im Blick auf die personale Literaturerfahrung sollte sie bewusst eigene, auch affektive und lebensbezogene Zugänge zum Text einbringen, um ihren SchülerInnen zu verdeutlichen, was eine ästhetische Lesehaltung ausmacht.

Zum Weiterlesen:

Spinner, Kaspar H. (2006): Literarisches Lernen. In: Praxis Deutsch, Jg. 33, H. 200, S. 6–16.

Leseräume (2015): Elf Aspekte des literarischen Lernens auf dem Prüfstand. Zeitschrift für Literalität in Schule und Forschung. Jg. 2, H. 2. www.leseräume.de (Zugriff 15.6.2019).

Winkler, Iris; Masanek, Nicole; Abraham, Ulf (Hrsg.) (2010): Poetisches Verstehen. Literaturdidaktische Positionen – empirische Forschung – Projekte aus dem Deutschunterricht. Baltmannsweiler: Schneider Hohengehren.

10 · Gehört Kinder- und Jugendliteratur in den Unterricht?

Lange Zeit wurde diese Frage mit einem klaren Nein beantwortet. Spezifisch für Kinder geschriebene Texte entstanden im größeren Umfang überhaupt erst vor etwa 250 Jahren, in der Epoche der Aufklärung: Bekannt ist beispielsweise Joachim Heinrich Campes „Robinson der Jüngere" (1779). Doch in den Schulen wurde in den folgenden fast zwei Jahrhunderten annähernd keine Kinder- und Jugendliteratur (KJL) gelesen. Die großen Erfolgstitel des 19. Jahrhunderts wie z. B. die „Lederstrumpf"-Romane (ab 1826) für Jungen oder die „Trotzkopf"-Serie (ab 1883) für Mädchen waren ausschließlich Freizeitlektüre der gebildeten Schichten. Populäre Lesestoffe auch eigens für Heranwachsende entstanden mit der allgemeinen Alphabetisierung zwar in großem Umfang. Sie galten aber als minder wertvolles Schrifttum, wenn nicht sogar als jugendgefährdend – ermöglichten sie doch den Heranwachsenden einen unkontrollierten Zugang auch zu unerwünschten Wissensbeständen und beförderten die gefürchtete „Lesesucht". Von wenigen Ausnahmen abgesehen war das so bis in die 60er Jahre des 20. Jahrhunderts: In den Gymnasien wurden Schriften der deutschen Dichterfürsten gelesen, in den Volks- und Realschulen, die die allermeisten Heranwachsenden besuchten, war Schöne Literatur ohnehin kaum vertreten.

Erst ab der Mitte des letzten Jahrhunderts wurde, wiederum von pädagogischen ReformerInnen, das „gute Jugendbuch" auch für die Schule propagiert und gegenüber den „Schmutz- und Schund"-Vorwürfen, denen spezifische KJL ausgesetzt war, verteidigt. Das Entstehen von Taschenbuchreihen in dieser Zeit machte Bücher erschwinglicher, und etwa ab den 1970er Jahren ist KJL aus dem Unterricht bis zum mittleren Bildungsabschluss kaum noch wegzudenken. Heutzutage wird unsere Frage mit einem klaren Ja beantwortet. Warum eigentlich?

Was ist KJL?

Die große Mehrheit der KJL besteht aus spezifisch für Heranwachsende geschriebenen Texten. Seltener finden sich heute Stoffe der Allgemeinliteratur, die für diese Adressaten umgeschrieben wurden (beispielsweise der oben bereits erwähnte „Robinson" oder Griechische Sagen). Damit ist diese Literatur erstens adressatenorientiert: Sie greift auf Inhalte und Gestaltungsmittel zurück, die den jeweils angezielten Altersgruppen zugänglich sind. Eine Erzählung für Vorschulkinder wird beispielsweise illustriert sein, sie wird eine klar konturierte Hauptfigur haben, die den Kindern den Eintritt in die fiktionale Welt leicht macht, sie wird die Zeit linear gestalten, die Handlungsmotive explizit benennen, keine Perspektivenwechsel zulassen usw., kurz: sie ist strukturell einfach. Auch Literatur für ältere Kinder oder Jugendliche berücksichtigt deren Verstehensmöglichkeiten und auch die altersspezifischen thematischen Interessen.

Zweitens bezieht sich der Korpus der KJL insgesamt auf die Normen der pädagogischen Kommunikation ihrer Zeit: Weil KJL von Erwachsenen für Heranwachsende geschriebene Literatur ist, gehen die Vorstellungen der älteren Generation davon, was Kindern zuträglich ist, was sie erfreut oder was sie lernen sollen, in diese Literatur ein. Diese Vorstellungen der AutorInnen greifen mehr oder weniger die jeweiligen Kindheitsvorstellungen ihrer Kultur und Epoche auf. „Mehr oder weniger" heißt: Nicht jedes Buch setzt eins zu eins zeittypische pädagogische Normen um. Zudem waren und sind kulturelle Kindheitsbilder durchaus nicht monochrom. Beispielsweise war Astrid Lindgrens „Pipi Langstrumpf" in Frankreich mehr als vierzig Jahre lang nur in einer zensierten Fassung zu haben – die provozierenden Passagen der frechen kindlichen Anarchistin waren in den Ausgaben bis 1995 gestrichen[3]. Das Buch war dem Kindheitsbild seiner Entstehungsepoche nicht nur in Frankreich weit voraus. Ungeachtet mancher Pädagogenurteile und ideologiekritischer Einwände wurde es vielfach übersetzt, geliebt und entsprechend viel rezipiert.

Schließlich hat die KJL drittens eigene Inhalts- und Darstellungsmuster entwickelt, also eigene Konventionen für Gestaltungsmittel, Erzählformen und Themen. Prägnant lässt sich das beispielsweise an den überaus häufigen Geschichten für Kinder ablesen, in denen anthropomorphisierte Tiere handeln (z. B. „Pu, der Bär", „Oh wie schön ist Panama").

Diese drei Eigenheiten von KJL – Leserorientierung in der Adressierung, tendenzielle Normativität des Kindheitsbildes, eigenes Symbolsystem – entfernen KJL vom (ohnehin recht lebensfernen) Bild „autonomer Literatur", demzufolge literarische Kunstwerke die Gesellschaft und Kultur gewissermaßen von außen kritisch in den Blick nehmen. Ist sie als vergleichsweise einfache Literatur, die u. a. die Sozialisation der Heranwachsenden steuern soll, deshalb prinzipiell poetisch minderwertiger?

Gute Kinderliteratur zeichnet sich dadurch aus, dass sie komplexere Bedeutungsräume durchaus anspielen kann, aber ihre bewusste Reflexion nicht erzwingt. Z. B. können schon Vorschulkinder das Märchen vom Dornröschen verstehen und genießen – auch wenn sie den Blutstropfen nach dem Stich mit der Spindel nicht als Symbol für die sexuelle Reifung erfassen, den hundertjährigen Schlaf der Prinzessin nicht als Initiationsschwelle in die Erwachsenenwelt benennen können und die Grimmsche Verbiedermeierung der Märchen nicht einschätzen können. Der Sinngehalt des Dornröschen ist für die jungen RezipientInnen trotzdem zugänglich, denn der Text ist strukturell einfach, selbst wenn die sprachliche Oberfläche durchaus eher komplex ist. Insbesondere für die Symbolik der Märchen wurde argumentiert, dass sie un- oder vorbewusst durchaus von Kindern erfasst wird (Bettelheim 1980). Das gilt erst recht für die poetisch

3 Vgl. zur Zensur von Pipi Langstrumpf in Frankreich: https://www.zeit.de/2013/04/Kinderbuch-Sprache-Politisch-Korrekt (Zugriff 15.6.2019).

anspruchslosere, aber umso eifriger gelesene marktgängige Kinderliteratur, die oft kindliche Entwicklungsaufgaben anspricht und einem wunscherfüllenden Ausgang zuführt: Das Sich-Bewähren von Kinderfiguren anhand großer Aufgaben (z. B. die Verbrecherjagd in Kinderkrimis), die Lösung von den Eltern und der Zusammenhalt und die Freundschaft mit Gleichaltrigen (z. B. in den Internats- und Abenteuergeschichten), das Aschenputtel-Motiv (von arm nach reich, von verkannt nach geehrt, von unten nach oben) sind klassische Motive, die sich über Generationen und Epochen hinweg immer wieder in Texten für Kinder und Jugendliche finden. Auch das Fehlen des gleichgeschlechtlichen und die dominante Bedeutung des gegengeschlechtlichen Elternteils tauchen regelmäßig auf und geben dem kindlichen Protagonisten die Gelegenheit, seine Reife unter Beweis zu stellen (vgl. Friedländer 1941). In der spezifischen Jugendliteratur lassen sich ebenfalls altersentsprechende Entwicklungsaufgaben wie erste Liebeserfahrungen mit Gleichaltrigen, Unzufriedenheit mit der eigenen Körpergestalt, die Auseinandersetzungen mit der von Erwachsenen eingerichteten Welt, die Überwindung von jugendlicher Orientierungslosigkeit und ähnliche unschwer erkennen. In wirklich erfolgreicher KJL fehlen diese Motive nie – die enorm verbreiteten Harry-Potter-Bände vom Beginn des Jahrhunderts können hier als Beispiel dienen.

Die Harry-Potter-Bände illustrieren auch eine weitere didaktisch wichtige Eigenschaft von KJL: Betrachtet man den gesamten Korpus dieser Literatur, so enthält er implizit ein Curriculum des literarischen Lernens (→ 9). Die Texte werden nämlich mit dem angezielten Alter der Adressaten zunehmend komplexer, ihr inhaltlicher Radius wird weiter, ihre poetischen Gestaltungsmittel werden vielfältiger und wissensabhängiger. Insofern: KJL kann ungeachtet ihrer strukturellen Einfachheit poetische Ausdrucksformen einsetzen. Sie ist Sozialisationsliteratur, vor allem indem sie kindliche und jugendliche Entwicklungsaufgaben und gängige Kindheitsbilder thematisch aufgreift. Diese beiden Eigenschaften entfernt sie nicht grundsätzlich von Erwachsenenliteratur. Denn auch in literarischen Texten für Erwachsene sind die Wunscherfüllungen, die das literarische Lesen gewährt, vor allem in der Unterhaltungsliteratur mit ihren starken Helden und selbstbewussten Heldinnen leicht wieder zu finden. Und auch in literarisch anspruchsvollen Erwachsenenliteratur ist das Beteiligungsangebot an die LeserInnen über Wunscherfüllung gegenwärtig. Es sind bloß subtilere Wünsche, die hier verhandelt werden.

Welche Literatur für welches Alter?

In dem sogenannten „Lesealter-Theorem“ (Bühler 1918) wurde schon vor einem Jahrhundert versucht, typische Themen populärkultureller Texte in Bezug zu Altersstufen der kindlichen Adressaten zu setzen und zu beschreiben. Im Blick auf Erzähltexte wurde entsprechend ein „Struwwelpeteralter“ bei Kleinkindern beschrieben, auf das das „Märchenalter“ bei 4–7-Jährigen und dann das „Robinsonalter“ von 7–12 folgt. In der Nachkriegszeit wurden weitere Altersstufen hinzugefügt, das Dramen- und Balladenalter für 12–15-Jährige und das Lyrische und Romanalter (15–20) (insbesondere durch Beinlich 1973). Der Begriff „Entwicklungsaufgabe“ war seinerzeit noch nicht etabliert, dies war in etwa damit aber gemeint: Die Sozialisationsaufgaben, vor denen die Heranwachsenden stehen, verändern sich mit dem Lebensalter, und insofern lasse sich eine Zuordnung von populären kinder- und jugendliterarischen Themen und Darstellungsweisen zu Entwicklungsphasen finden.

Einerseits kann man solchen erfahrungsbezogenen Einstufungen eine gewisse Evidenz nicht absprechen: Die jeweiligen Themen der als prototypisch genannten Kinderliteratur mögen durchaus eine Entsprechung finden in den Entwicklungsaufgaben bestimmter Altersstufen. Charlotte Bühler (1918/1958), die früheste Vertreterin dieser Idee in der Lesepädagogik, zeigt durchaus überzeugend, wie die jeweils namensgebenden Texte sowohl in ihrer formalen Gestalt als auch mit den Inhalten an Denk- und Verhaltensweisen der entsprechenden Altersstufe anknüpfen, ihre Wünsche aufgreifen und lenken (ebd.). Beispielsweise der Struwwelpeter inszeniert in kurzen, rhythmisch gereimten moralischen Erzählungen praktische Lernaufgaben des Kleinkindes wie Tischsitten einhalten, Daumenlutschen aufgeben, Reinlichkeit usw. Auch die Darstellungsweise kommt den Verarbeitungsmöglichkeiten der Jüngsten entgegen – die klaren Illustrationen, die Endreime und der lineare Handlungsverlauf des Struwwelpeter sind Drei- und Vierjährigen zugänglich. Anders das folgende Märchenalter, für das sie annimmt, dass die Art der Personen- und Weltdarstellung, der Handlungsablauf und die klare Erzählstruktur von klassischen Märchen kindliche Denkformen aufgreift. Im Robinsonalter der 9–11-Jährigen haben die von den Kindern präferierten Texte einen realistischen, welterschließenden Anstrich, so Bühler; die LeserInnen können sich altersentsprechend für die praktische Tüchtigkeit des Robinson begeistern, der in einer im Prinzip realistischen Welt die Errungenschaften der Zivilisation eigenständig nachschafft.

Andererseits ist diese erfahrungsorientierte Stufung von Erzähltexten im Blick auf ihre Zugänglichkeit für kindliche und jugendliche Entwicklungsphasen schon vor einem halben Jahrhundert erheblich in die Kritik und schließlich in Vergessenheit geraten (zur Rezeptionsgeschichte siehe Eggert/Garbe 2003): Die Annahme, dass es Entwicklungsstufen gibt, die jeweils die Gesamtpersönlichkeit umfassen und eine Art psychologischen Status, eine Stufe oder ein Niveau bilden, ist zu wenig komplex, um literale Sozialisationsprozesse zu beschreiben; die literale Umwelt spielt in dieser Modellierung so gut wie keine Rolle, die Entwicklung des literarischen Lesens wird weitgehend als endogene gedacht (→ 04). Außerdem hat der kulturelle Wandel Einfluss auf das Angebot an Büchern, und die Bücher sind heute durch weitere Medien ergänzt, die vielgestaltiger und allgegenwärtiger geworden sind und ihrerseits die Entwicklungsverläufe beeinflussen. Schließlich lässt sich das Lesealter-Theorem zwar womöglich noch auf kindliches Lesen beziehen, aber kaum auf die komplexen Ausdifferenzierungen anwenden, die die Lektürepräferenzen im Jugendalter aufweisen – ein Lyrisches oder Romanalter bei 15–20-jährigen jungen Erwachsenen zu postulieren, kann schwerlich die gleiche Evidenz beanspruchen, die Bühlers Beschreibungen für die Jüngeren zeigen.

Aber womöglich muss man die Lesealtersstufen-Idee nicht gänzlich aufgeben, wenn man statt normativer Vorgaben zu machen einfach nur beobachtet, was Kinder von sich aus gerne lesen? Das hat ein niederländisches Forschungsprojekt (Witte 2014) jüngst versucht und auf diese Weise fünf Lesealtersstufen modelliert.

Interessant ist die Ausdifferenzierung der verschiedenen Funktionen, die die Lektüre für die LeserInnen jeweils einnimmt: Warum überhaupt freiwillig gelesen wird, ist im Kasten für verschiedene „Lesealter" angeführt. Merkmale von kinder- und jugendliterarischen Büchern werden in dem Projekt den einzelnen Stufen folgendermaßen zugeordnet: Was den Umfang angeht, staffeln sich die zugehörigen Lesestoffe von sehr dünnen Büchern in großer Schrift hin zu dicken, die Komplexität der sprachlichen Oberfläche steigt mit den Stufen an, die Vertrautheit mit den Themen nimmt ab; die Dichte der Handlung steigt an, die Hauptfigur darf zuneh-

Freizeit-Leseverhalten beobachten		
Einstiegslevel: Lesebeginn	→	liest nur, wenn er/sie muss
Stufe 1: Lesen ausprobieren	→	liest, um sich zu amüsieren
Stufe 2: identifizierendes Lesen	→	liest, um die eigene Welt zu erkunden
Stufe 3: reflektierendes, entdeckendes Lesen	→	liest, um zum Denken gebracht zu werden
Stufe 3+: analytisches, tiefes Lesen	→	lässt sich durch Lektüre intellektuell herausfordern

mend weniger Nähe zu der Leserin oder dem Leser aufweisen, und die geschilderten Welten werden komplexer.

Wer für das „Einstiegslevel" spontan an etwa 9-Jährige denkt, übersieht allerdings, dass das „Lesealter" nicht notwendig parallel zum „Lebensalter" gedacht werden kann. Es gibt 15-Jährige auf diesem niedrigsten Level. Sie verfügen über kaum positive Leseerfahrungen und lesen nicht in ihrer Freizeit. Und es gibt nach unserem Eindruck nicht viele Studierende (und Lehrende), die in ihrer Freizeitlektüre die Stufe 3+ realisieren. Allerdings handelt es sich bei dieser Stufung um ungesteuerte Leseprozesse. Für den Literaturunterricht dürfen und müssen Texte ausgewählt werden, die die jungen LeserInnen herausfordern und die sie mit Unterstützung gewinnbringend rezipieren können (→ 7).

Die Frage „Welche Literatur für welches Alter?“ ist also nicht gänzlich, aber doch ein Stück weit falsch gestellt – literarische Texte sind Individuen, Kinder und Jugendliche sind es auch. Zudem gibt es viele literarische Texte, die alle Altersstufen ansprechen können – beispielsweise Märchen sind solche „All Ages“-Literatur. Auch im Bilderbuch-Bereich hat sich in den letzten Jahrzehnten viel in diese Richtung entwickelt: Es gibt längere illustrierte Erzählungen im Bereich der Erstlese-Literatur, die einen weichen Übergang von der Bilderbuch-Vorlesesituation im Kindergarten zur eigenständigen Lektüre von Büchern anbieten. Poetisch anspruchsvolle Bilderbücher mit wenig Text eignen sich durchaus für den Schulunterricht, sie bieten sich z. B. auch an, wenn im inklusiven Literaturunterricht nach gemeinsamen Gegenständen gesucht wird (vgl. z. B. Scherer/Volz/Wiprächtiger-Geppert 2014). Und schließlich gibt es auch sehr viel Literatur, deren Lektüre durch Verfilmung, Merchandising-Produkte und Spiele ergänzt oder ersetzt wird.

Wie, so sollten wir stattdessen fragen, verstehen kindliche und dann jugendliche LeserInnen fiktionale Erzählungen welcher Art tatsächlich? Wie unterscheidet sich ihr Verstehen von dem gebildeterer LiteraturleserInnen, beispielsweise älteren SchülerInnen oder Lehrpersonen? Und wie kann man ihnen Texte zugänglich machen, die in ihrem Horizont liegen könnten, ihnen aber zunächst verschlossen bleiben?

Wie verstehen Kinder literarische Texte?

In der Literaturdidaktik gibt es leider (noch) wenige empirische Studien, die sich der Frage nach der Genese des literarischen Verstehens zugewandt haben – viel häufiger finden sich normative Vorschläge, nämlich Ausführungen, wie ein bestimmter literarischer Text korrekt zu verstehen und ggf. auch zu lehren sei. Hinweise auf unsere Fragen gibt es aber: In einer Studie zu den Verstehensleistungen verschiedener Altersgruppen wurde die Anschlusskommunikation von Schulklassen unterschiedlichen Alters zu ein und dem gleichen Text protokolliert (Spinner 1986). Das war „Der Bär auf dem Försterball", eine kurze Geschichte von Peter Hacks, die als Bilderbuch bekannt wurde (1975). Sie bietet sowohl einen einfach nachvollziehbaren konkreten Handlungsverlauf als auch ein abstraktes ideologiekritisches Bedeutungspotential. Beobachtet wurde bei den weitgehend ungesteuerten Gesprächen in Schulklassen unterschiedlicher Jahrgänge, welche Gehalte der Geschichte die SchülerInnen von sich aus aufgreifen und zum Nachdenken und Sprechen bringen. Sichtbar wurde, dass Kinder im Grundschulalter einen ausgesprochen konkreten und sinnlichen Zugang zur Handlungsoberfläche der Geschichte zeigen: Das Wohl und Weh der handelnden Figuren vollziehen sie unmittelbar nach und beziehen es direkt auf eigene Erfahrungen. Noch zu Beginn der Sekundarstufe ist diese Konzentration auf das äußere Geschehen im Vordergrund, wichtig wird bei den rund 10-Jährigen darüber hinaus die Frage nach seinem Realitätsgehalt. In der 8. Klasse, also etwa mit 14 Jahren, werden Überlegungen zum Innenraum der Figuren bedeutender – Welche Motive haben sie für ihre Handlungen? –, und psychologische Perspektiven auf das Geschehen tauchen auf. Es entstehen auch erste generalisierende Deutungen, die sich von der unmittelbaren Handlung lösen. Diese Tendenz zur Abstraktion und zur Formulierung übergreifender Sinngehalte des Erzählten wird nach der Pubertät zunehmend deutlicher. Von den jungen Erwachsenen in der Oberstufe werden z. B. die Handlungen der literarischen Protagonisten auf überindividuelle Bewusstseinsstrukturen und auf kulturelle oder soziale Verhältnisse bezogen.

Die Konkretheit und Sinnlichkeit in den Deutungen der jüngsten LeserInnen scheinen bei den älteren zu fehlen. Deren Aussagen haben sich stärker von der Handlungsoberfläche entfernt, leisten aber eine weitergehende Interpretation. Doch alle Leseweisen, die sich mit dem Text in Übereinstimmung bringen lassen, sind legitim und sinnvoll! Ein Literaturunterricht, in dem bestimmte Interpretationen „gelernt" werden müssen, ohne dass deren Genese aus dem Text subjektiv nachvollziehbar wird, geht über die Köpfe hinweg und verspielt das große Potential von KJL und schöner Literatur überhaupt: Weisen des Weltverstehens erfahrbar zu machen (→ 8).

KJL im Literaturunterricht

Warum, so die Frage zu Beginn, ist KJL heute ein fester Bestandteil des Unterrichts? Faktisch wird die Wahl von KJL im Literaturunterricht zumindest der weiterführenden Schule in erster Linie als Maßnahme der Leseförderung verstanden (Bertschi-Kaufmann et al. 2018). Damit einher geht in der Regel eine thematische Nutzbarmachung der Lektüre: „Anne Frank" flankiert beispielsweise das entsprechende Thema im Geschichtsunterricht, die gern gewählte Problemliteratur aus den 1970er Jahren bis in die Gegenwart bietet ein großes Spektrum sozialpädagogischer Thematiken wie Mobbing, Realitätsverlust durch exzessiven Mediengebrauch, ungewollte Schwangerschaft, Drogen und Alkohol, Suizid, Homosexualität usw. Offensichtlich eignet sich KLJ im LehrerInnenurteil gut für die Leseförderung und gut als Aufhänger für sachbezogenes Lernen. Natürlich ist ein didaktisches Interesse an der Veranschaulichung von aktuellen sozialen Themen durch Erzähltexte durchaus legitim. Es sollte allerdings den Literaturunterricht nicht über die Maße bestimmen; denn da geht es primär um literarisches Lernen. Zudem gehören Jugendbücher, die auf ein gerade aktuelles Thema hin geschrieben werden, häufig nicht zu den literarisch interessanten Texten; ihre Belehrungsfunktion ist zu dominant.

Kinder- und Jugendliteratur sollte auf der einen Seite gezielter für das literarische Lernen seitens der LehrerInnen ernst genommen werden. Auf der anderen Seite ist die Nähe der KJL zur Lebenswelt der SchülerInnen ein starker Leseanreiz. Warum werden die betreffenden Ziele des Deutschunterrichts – Leseförderung, literarisches Lernen – auch in den Bildungsstandards so unverbunden nebeneinander gesetzt? Warum findet sich dort nicht ein Bereich „Personales Lesen", für den die SchülerInnen ein Portfolio über Leseerfahrungen führen, möglichst über ihre Schullaufbahn hinweg? Hier hätten persönliche Reflexionen über Freizeitlektüre ebenso ihren Ort wie die Dokumentation von Buchlektüren, die im oder begleitend zu einem differenzierenden Literaturunterricht rezipiert werden. So ein Lektüre-Portfolio wäre persönlich, aber nicht privat; es würde zu einer Dokumentation und Reflexion der eigenen literarischen Sozialisation führen und würde dem Curriculum des Literaturunterrichts eine starke Ausrichtung auf die Ausbildung personalen Lesens geben. Die Standards, so lässt sich hier zeigen, sind durchaus grundlegend verbesserungsfähig!

Wir fassen zusammen:

Kinder- und Jugendliteratur gehört in einen lesefördernden Literaturunterricht, weil sie Potentiale zum literarischen Lernen bietet, in der Regel lebensnah und aktuell ist und der Unterricht so Anregungscharakter für das Freizeitlesen gewinnen kann. KJL ist adressatenorientierte Literatur, was bedeutet: Sie orientiert sich inhaltlich und formal an den Lese- und Verstehensmöglichkeiten der angezielten Lesergruppe. Sie ist Sozialisationsliteratur, indem sie altersspezifische Entwicklungsaufgaben und zeitgemäße pädagogische Vorstellungen von Kindheit und Jugend aufgreift und darstellt. Häufig sind es allerdings primär die in den Werken verhandelten Themen, die die Auswahlentscheidungen von LehrerInnen bestimmen. Eine stärkere Orientierung auf literarisch gute Texte, die literarisches Lernen mit KJL nahelegen, ist wünschenswert.

Welche Anforderungen stellt das an die Lehrperson? Welches Wissen, welches Können braucht sie?

LehrerInnen sollten, wenn nicht schon geschehen, den Bereich der KJL als interessante Lektüre auch für sich persönlich entdecken. Sie sollten sich in den jährlichen Auswahllisten zum Deutschen Jugendliteraturpreis und in Rezensionsquellen wie beispielsweise der Internetseite von „Aleki" (s. u.) über aktuelle Titel informieren. Das sollte sie in die Lage versetzen, einerseits die Potentiale von Kinder- und Jugendbüchern für das literarische Lernen zu erkennen, andererseits ihren SchülerInnen gute individuelle Lesetipps zu geben. KJL sollte im Literaturunterricht nicht nur mit einem Buch pro Halbjahr oder sogar Schuljahr vertreten sein, sondern kontinuierlich als individuelle Lektüre oder solche für Kleingruppen den Unterricht begleiten. LehrerInnen sollten sich durch Lesekisten aus der Stadtbücherei unterstützen lassen und, wenn möglich, beim Aufbau oder der Pflege einer attraktiven Schulbibliothek mitwirken.

Zum Weiterlesen:

Aleki (Arbeitsstelle für Kinder- und Jugendmedienforschung): Les(e)bar – Internet-Empfehlungs- und Rezensionszeitschrift für Kinder- und Jugendmedien. http://www.lesebar.uni-koeln.de (Zugriff 15.6.2019).

Hurrelmann, Bettina (2002): Kinder- und Jugendliteratur im Unterricht. In: Klaus-Michael Bogdal; Hermann Korte (Hrsg): Grundzüge der Literaturdidaktik. München: dtv, S. 134–146.

Lange, Günter (Hrsg.) (2012): Kinder- und Jugendliteratur der Gegenwart. Grundlagen – Gattungen – Medien – Lesesozialisation und Didaktik. Ein Handbuch. Baltmannsweiler: Schneider Hohengehren

Lypp, Maria: (2000[1995]): Zum Begriff des Einfachen in der Kinderliteratur. Ein Diskussionsbeitrag. In: Dies. (2000): Vom Kasper zum König: Studien zur Kinderliteratur. Frankfurt/M. u. a.: Peter Lang, S. 75–77.

Spinner, Kaspar H. (1986): Wie Schüler kurze Geschichten verstehen und was daraus zu folgern ist. In: Praxis Deutsch, H. 75, S. 9–14. https://d-nb.info/1081900474/34 (Zugriff 15.6.2019).

11 · Wie kann gut über Literatur gesprochen werden?

Wir wissen es alle: Unterricht ist eine Situation, in der eine Menge gesprochen wird. Und im Literaturunterricht, so mag man sich erinnern, ist die Gesprächslast sogar besonders hoch. Warum ist das eigentlich so? Und wie können Gespräche im Literaturunterricht so geführt werden, dass sie aus Perspektive der Literaturdidaktik als gut gelten? Diesen Fragen geht das folgende Kapitel nach.

Warum spricht man überhaupt über Literatur?

Warum wird im Literaturunterricht eigentlich so viel gesprochen? Von Seiten der Literaturdidaktik lässt sich das einfach legitimieren: Literarische Texte sind Kunstgegenstände – wie beispielsweise Musikstücke und Gemälde –, und Kunstgegenstände werden zu Kunst, indem sie von RezipientInnen aktiv und Sinn konstituierend wahrgenommen (gelesen, gesehen, gehört ...) werden, wenn sie gewissermaßen mit ihnen in Austausch treten. „Das Reden über Kunst kann seine Gegenstände nur treffen und betreffen, wenn es aus einem Dialog mit den jeweiligen Werken hervorgeht", so der Philosoph Martin Seel (2011, 15). Das Bedürfnis, diesen Dialog fortzusetzen, entsteht mit der Polyvalenz der Kunst, in unserem Fall: der Literatur. Literarische Texte, die etwas zu sagen haben, bieten einen natürlichen Gesprächsanlass zu der Frage, was es nun ist, was sie zu sagen haben. Ein Gespräch über einen literarischen Text ist insofern die Fortsetzung der Begegnung mit der Literatur, die im Lesen stattgefunden hat. Man kann sich das auch gut anhand der Rezeption einer irritierenden Filmszene vorstellen (vgl. ebd., 23 f.): Sehen wir beispielsweise im Kino etwas zunächst Unbegreifliches, aber Ergreifendes, dann geschieht (in) uns etwas, wir werden davon bewegt. Und daher sind es solche Szenen, über die wir spontan sprechen, wenn das Licht wieder angeht. Das Bedürfnis, über Kunst zu sprechen, weil sie uns bewegt hat, das Bedürfnis, sich über verschiedene Leseweisen auszutauschen und schließlich das Bedürfnis, kooperativ den Sinn des Textes zu erfassen, drängen zum Gespräch. Sie sind nicht von der Schule geschaffen. Die Schule greift sie nur auf.

Es mag einen weiteren Grund für die Dominanz von Gesprächen im Literaturunterricht geben, der seltener genannt wird: Viele LiteraturlehrerInnen sprechen sehr gern über Literatur. Das wird – neben der Begeisterung für literarische Gegenstände, die man ggf. im Gespräch weitergeben möchte – wiederum mit ihrem Verständnis von Bildung zu tun haben: Literarische Lektürepraktiken sowie das Bedürfnis und das Können, sich in einem angemessenen Sprachstil über Literatur auszutauschen, erfährt von ihnen (auch) als Ausdruck von Bildung Wertschätzung (vgl. Wiezorek 2017).

Fragend-entwickelnde Unterrichtsgespräche

Zunächst: Wie *wird* im Unterricht über Literatur gesprochen? Das gängigste Verfahren im Literaturunterricht, so Spinner (2010, 204), ist das durch einen Lehrer gelenkte fragend-entwickelnde Unterrichtsgespräch. Obschon letztlich gar nicht geklärt ist, ob das wirklich so ist – entsprechende Erhebungen fehlen nämlich – gehen auch wir davon aus, dass im Literaturunterricht häufig Gespräche über literarische Texte stattfinden, die von der Lehrperson zumindest in Grundzügen vorbereitet wurden und von ihr geleitet werden.

Was charakterisiert ein fragend-entwickelndes Unterrichtsgespräch über literarische Texte? Gemeinhin hat die Lehrperson hierfür im Vorfeld ein Gesprächsziel vorbereitet, das im Laufe des Gesprächs verwirklicht werden soll – z. B., eine literarische Figur zu charakterisieren oder zu einer schlüssigen Gesamtinterpretation des Textes zu gelangen. Dieses Ziel spricht sie aber nicht aus, sondern bewirkt durch eine Reihe von rhetorischen Fragen, dass SchülerInnen selbst auf den Gedankengang kommen, den sie sich zuvor zurechtgelegt hat. Im Unterricht führt das zu einer Gesprächsformation, in der die Lehrperson eine Frage oder einen Impuls äußert, ein Schüler oder eine Schülerin ihr antwortet und die Lehrperson darauf mit der nächsten Frage reagiert – wobei die anderen zuhören und sich als GesprächspartnerInnen bereithalten sollen. Alle SchülerInnen-Gesprächsbeiträge sind entsprechend an die Lehrperson adressiert; die strukturelle und thematische Gesprächshoheit in solchen Gesprächen liegt ganz bei ihr.

Was generell für Unterricht charakteristisch ist (und entsprechend banal daherkommt), ist für den Verlauf solcher Gespräche über Literatur ziemlich entscheidend: Die Lehrperson setzt die Themen, sie fordert Antworten heraus, sie erteilt das Rederecht, und es ist die Lehrperson, die durch ihre Beiträge Wendungen, thematische Abschlüsse und neue Themen im Gespräch einleitet. Dies kann offen geschehen („Wenden wir uns doch nun dem Thema ... zu. Bisher hat das im Gespräch gar keine Rolle gespielt"). Genauso ist es aber auch möglich, eine Wendung weniger offensichtlich einzuleiten, nämlich, indem die Lehrperson aus einer SchülerInnen-Äußerung das herausgreift, was in die geplante Richtung geht (vgl. hierzu Wieler 1989). Dafür implizieren die Lehrer-Reaktionen in der Regel eine Bewertung des Schülerbeitrags – bestätigen oder wiederholen sie einen Aspekt des Beitrags, so hat die Schülerin oder der Schüler damit die Intention der Frage getroffen und der nächste Schritt wird eingeleitet. Geht die Lehrperson darüber hinweg, beispielsweise durch ein „Okay ..., – was meinen denn die anderen dazu?", signalisiert sie damit, dass diese Fährte nicht die richtige ist. Dabei sind die Fragen und Impulse der Lehrperson nicht authentisch, sondern rhetorisch – es sind nicht ihre eigenen Fragen an den Text, sondern solche, die den SchülerInnen auf die Sprünge helfen sollen. So oder so: Die Lehrperson ist es, die das fragend-entwickelnde Gesprächsformat inhaltlich verantwortet und seinen Verlauf steuert. Die kommunikative Mikrostruktur eines solchen Gesprächs ist sternförmig, einzelne SchülerInnen antworten der Lehrperson. Faktisch ist nur ein Teil der SchülerInnen beteiligt, und Austausch der SchülerInnen untereinander findet kaum statt.

In einem solchen Gespräch können Äußerungen der Lehrperson natürlich einerseits dazu beitragen, systematische Textdeutungen vollständig zu erarbeiten, und sie können sicherstellen, dass bedeutende Aspekte einer Deutung ins Gespräch Eingang finden. Andererseits können Lehreräußerungen die Sinnsuche der SchülerInnen auch einengen – das ist dann der Fall, wenn die Gesprächsstruktur bewirkt, dass Überlegungen und Erfahrungen der SchülerInnen keinen Eingang ins Gespräch finden oder nur eine marginale Rolle spielen. Eine offene, gleichberechtigte Verständigung über verschiedenartige Sinnkonstruktionen zu literarischen Texten ist jedenfalls nicht möglich, ohne diese Gesprächsstruktur zu sprengen. SchülerInnen deuten diese Form der Unterrichtskommunikation entsprechend ihrerseits richtiger Weise als Lehrsituation, nicht als Verständigungssituation; denn sie führt ggf. dazu, nicht über eigene Texterfahrungen nachzudenken, sondern nach der Absicht der Lehrperson zu suchen (Was will sie/er wohl hören ...?). Gerade in solchen eng geführten Gesprächen über einen literarischen Text besteht natürlich die Gefahr, dass eine Deutung entwickelt wird, deren Bezug zum Text insbesondere von den stummen SchülerInnen nicht nachvollzogen werden kann, sei es, dass sie langsamer oder schneller denken, sei es, dass ihr Textverstehen von anderen Aspekten ausgeht. Verstehen vollzieht sich ja bekanntlich nicht im Gleichschritt – aber in diesem Setting wird so getan, als wäre dem so. Die Textinterpretation am Ende eines solchen Gesprächs kann in diesem Fall bloß gelernt, nicht aber aktiv nachvollzogen werden. Oft wird dem schulischen Literaturunterricht von Seiten der SchülerInnen ja auch Subjektivismus vorgeworfen – als sei Interpretation eine persönliche Meinung, die man teilt oder nicht. Eine Wurzel dieser Vorwürfe könnte tatsächlich im Gesprächsformat „fragend-entwickelnd“ liegen. Und nicht zuletzt wird dieser Gesprächstyp problematisch, weil er schulisch als „Monokultur“ auftritt: Das fragend-entwickelnde Unterrichtsgespräch macht zwei Drittel des Frontalunterrichts im Physikunterricht aus (vgl. Leisen 2007). Im Literaturunterricht ist es, wie gesagt, vermutlich nicht weniger.

Rhetorische Fragen und Impulse von LehrerInnen im fragend-entwickelnden Gespräch können literarisches Verstehen also einengen und authentische Zugänge behindern. Eine aktuelle Studie weist indessen darauf hin, dass sie auch dazu beitragen können, Gedanken von SchülerInnen zu entfalten (vgl. Harwart/Scherf 2018): Indem die Lehrperson im Gespräch Verstehensschritte gemeinsam mit den SchülerInnen geht, kann deren

Deutung manchmal überhaupt erst richtig in Gang kommen – gerade bei literarischen Texten, die für die SchülerInnen nach dem ersten Lesen (noch) keinen Sinn ergeben. Die Lehrperson wird in diesen Fällen zum ‚Geburtshelfer' von Bedeutungen, und ihre sprachlichen Handlungen sind als ‚Scaffolding' einzuordnen, als Unterstützung der Eigentätigkeit: Die Lehrperson stellt mit ihren Impulsen gewissermaßen ein Haltegeländer zur Verfügung, an dem sich die SchülerInnen in ihrer Sinn- und Sprachproduktion festhalten können. Verstehen kann z. B. in Gang kommen, indem die Lehrperson es durch eine bestimmte Rahmung und die Fokussierung der Aufmerksamkeit auf einzelne Aspekte nahelegt. („Wir haben ja schon vorhin festgehalten: In diesem Textelement steckt eine Bedeutung drin, die man beim ersten Lesen noch gar nicht erkennen kann. Welche könnte das sein?"). Genauso kann die Lehrperson im Gespräch an eine passende SchülerInnenäußerung anknüpfen und einen roten Faden für das weitere Verstehen entwerfen – auch so kann man Impulse verstehen, die einen bestimmten Aspekt aus einer umfassenderen Schüleräußerung herausgreifen und ins Zentrum stellen („Stefan hat ja darauf hingewiesen, dass... Wenn wir uns darauf konzentrieren: Was sagt das denn über die Figur ...?"). Verstehen wird in diesen Fällen möglich, weil es auf bestimmte Weise gerahmt ist – statt im Nebel zu stochern, wird den SchülerInnen deutlich, in welche Richtung nachzudenken sich lohnt.

Ein fragend-entwickelndes Gespräch zu einem Text kann nicht zuletzt dazu beitragen, dass die SchülerInnen lernen, wie man Texterkenntnisse und -beobachtungen in angemessener Sprache formuliert und welche Deutungen als angemessene, auf den Text gründende Interpretationen gelten können und welche nicht (→ 8). Insofern: Ein fragend-entwickelndes Unterrichtsgespräch, so unsere Haltung, kann durchaus zum literarischen Lernen beitragen (→ 9). Inhaltlich muss es im Übrigen ja auch nicht ein so lehrerdominiertes Fragen-Ping-Pong sein, wie oben skizziert wurde. Schließlich kann sich die Zielsetzung einer Lehrperson im fragend-entwickelnden Gespräch angesichts der SchülerInnen-Beiträge verändern, wenn eine Schülerin oder ein Schüler einen neuen Aspekt ins Spiel bringt, den sie nicht eingeplant hat, der sie aber überzeugt.

Literarische Unterrichtsgespräche

Ein anderes Verfahren, über Literatur zu sprechen, stellen sogenannte „Literarische Gespräche" dar. Literarische Gespräche gelten innerhalb der Zielsetzungen des Literaturunterrichts (→ 9) als eigene Komponente literarischen Lernens. Sie wurden vor allem von einer Heidelberger Forschungsgruppe untersucht und erprobt (vgl. z. B. Steinbrenner/Wiprächtiger-Geppert 2010). Diese Gespräche unterscheiden sich sowohl in Setting und Organisation als auch in der Zielsetzung von fragend-entwickelnden Gesprächen: In literarischen Gesprächen begegnet man sich vorzugsweise im Sitzkreis. Und statt der Lehrperson bestimmt folgende Phasierung seinen Ablauf: Nach einer Vorleserunde, in der jeder, der möchte, eine besonders interessante, bewegende oder auch blöde Stelle aus dem Text vorlesen kann, und einem Blitzlicht, in dem jeder seine Lektüreerfahrungen mit dem Text reihum kurz mitteilt, wird ein offenes Gespräch über Leseerfahrungen, Themen und Bedeutungsgehalte des Textes geführt. Innerhalb der Phasen moderiert die Lehrperson, ansonsten ist sie gleichberechtigte Beteiligte; die SchülerInnen sprechen, wenn – und wann – sie wollen. Die Lehrperson verfolgt entsprechend kein umschriebenes Interpretationsziel. Wenn sie eine Frage stellt, sollte es eine echte sein, deren Erörterung sie interessiert und zu der sie nicht schon eine Antwort parat hat. Es stellt den Normalfall dar, am Ende des Gesprächs – das mit einer „Schlussrunde" enden kann (vgl. Bräuer 2013) – mehrere Deutungen einzelner Passagen oder des ganzen Textes elaboriert zu haben und kein eindeutiges (Interpretations-)Ergebnis aufweisen zu können. Dies kann auf Seiten der SchülerInnen allerdings zu Unzufriedenheit führen – „Was haben wir denn nun gelernt?" Oft wird empfohlen, den Ertrag literarischer Gespräche durch nachbereitende Schreibaufgaben, z. B. Protokolle oder Rezensionen, manifester werden zu lassen. Dass die Bedeutungshorizonte mehr oder weniger offen bleiben, sollen die SchülerInnen aber auszuhalten lernen.

Das „Literarische Gespräch" gilt in Didaktikerkreisen gemeinhin als sowohl dem literarischen Text als auch den Verstehensprozessen angemessener als das fragend-entwickelnde Unterrichtsgespräch (vgl. z. B. ebd.). Denn es zielt darauf, die Texterfahrungen der LeserInnen möglichst authentisch zur Sprache kommen zu lassen und in einem wirklichen Gespräch auszutauschen statt sie in einem Frage-Antwort-Ablauf auf ein

Ziel auszurichten. Damit vertraut das Konzept auch darauf, dass SchülerInnen mit unterschiedlichen Perspektiven, vielleicht sogar gegensätzlichen, miteinander ins Gespräch kommen, ohne dass die Lehrperson dabei eine große Rolle spielt. Das Verfahren soll eine schülerorientierte Verständigung über Verstehen bewirken und alle SchülerInnen aktiv einbeziehen – wer in der „Blitzlicht"-Runde seine Leseerfahrungen formuliert hat, hat sich zumindest an einem Punkt schon mal aus der Deckung gewagt. In diesem Setting kann sowohl ein gleichberechtigter Austausch über einen Text als auch eine gemeinschaftliche Elaboration literarischen Verstehens stattfinden, und die von den SchülerInnen für wichtig gehaltenen Themen können zur Sprache kommen. Das Verfahren triggert die eigenmotivierte Kommunikation über Literatur, und SchülerInnen können Gespräche über Literatur als eine Praxis kennenlernen, die persönlich bedeutsam ist und nicht nur für die Schule stattfindet.

In einem rekonstruktiven Blick auf literarische Gespräche wird allerdings deutlich: Auch literarische Gespräche sind nicht freie Konversationen, die ausschließlich von den Interessen der SchülerInnen bestimmt wären, wie es beispielsweise bei Pausenhofgesprächen der Fall ist. Auch dieses Setting ist gelenkt, nämlich durch die Rahmung, die die Institution Schule vorgibt (vgl. Wiezorek 2017): SchülerInnen, die mit der Lehrperson im Deutschunterricht im Sitzkreis zusammenkommen, wissen, dass es nun um Textbedeutungen gehen und sie sich beteiligen sollen. Wie jeder Unterricht orientiert sich auch diese Gesprächsformation strukturell „auf die Performanz eines Unterrichts, für den typisch ist, dass in ihm nur Bedeutsames" geschieht (ebd., 110) – und das, obwohl die Lehrperson hier keine dominant lenkende Position einnimmt. Es ist die institutionelle Rahmung „Unterricht", die verhindert, dass das Gespräch in die thematische Unverbindlichkeit abgleitet, die bloße Konversation auszeichnet. Literarische Gespräche kommen in Gang, indem sich alle auf das Ziel eines intersubjektiv geteilten Textverstehens ausrichten. Innerhalb dieses Paradigmas ist es jedoch durchaus möglich, dass die textorientierten persönlichen Interessen der SchülerInnen zur Geltung kommen.

Gute Gespräche führen – eine Kunst?

Wir meinen: *Beide* vorgestellten Gesprächstypen sind also einerseits potenziell wirkungsvoll und andererseits reich an Nebenwirkungen. Im

Klassenzimmer mögen sie darüber hinaus in Mischformen auftreten, denn vermutlich ist selten ein Gespräch ausschließlich „gelenkt“ oder „offen“. Was heißt es unter diesen Umständen nun, ein Gespräch über Literatur „gut“ zu inszenieren?

Zunächst: LehrerInnen sollten um die Chancen und Risiken von Gesprächen über Literatur wissen, und insofern im Bewusstsein für Nebenwirkungen ihr eigenes Lehrerhandeln im Gespräch beobachten und reflektieren. Ein Gespräch, in dem alle Beteiligten im Nebel stochernd nach der vom Lehrer vorgedachten Antwort suchen, sollte man z. B. ab- bzw. durch eine Aufgabe unterbrechen – und tut damit allen Beteiligten einen Gefallen. Gut ist außerdem, wenn man als LehrerIn echte (tatsächliche, eigene, ungelöste …) Fragen an den Text hat und auch zur Sprache bringt, weiter, wenn man sich auf entsprechende Fragen der SchülerInnen auf Augenhöhe einlassen kann und wenn man sich für abweichendes Verstehen der SchülerInnen wirklich interessiert (vgl. Spinner 1992; Lösener/Siebauer 2016). Denn dann kann die Lehrperson ein schülerorientiertes und sinnentdeckendes Gespräch führen, ohne die Gesprächsstrukturierung aus der Hand zu geben oder auf Impulse zu verzichten. Und zuletzt: Gut ist wohl, wenn man als LehrerIn schon vor dem Gespräch weiß, welche Ziele man verfolgt: Will man literarische Erfahrungen austauschen? Will man Verständigung über Verstehen? Oder will man, dass die SchülerInnen einen bestimmten Aspekt bemerken und zu diesem eine schlüssige Leseweise entwickeln? Wie man ein Gespräch führt, klärt sich am besten also im genauen Blick auf den literarischen Gegenstand, die Interessen und Fähigkeiten der zu unterrichtenden SchülerInnen und die Zielsetzungen der Kommunikation. „Gut“ werden LehrerInnenhandlungen im Gespräch insofern u. E. durch tiefe Kenntnis einerseits des literarischen Gegenstands (Was steckt in ihm? Inwiefern ist er für SchülerInnen schwierig oder sperrig?) und andererseits der Perspektiven der SchülerInnen (Was interessiert sie? Was erkennen sie selbst? Im Hinblick auf welche mögliche Erkenntnis brauchen Sie ggf. Unterstützung?).

Gespräche über Literatur zu leiten, ist eine sehr schwierige Lehreraufgabe, u. a. deshalb, weil sie viele Entscheidungen in kleinsten Zeiträumen erfordert. Die Fähigkeit, in Gesprächen über Literatur verstehensfördernd zu handeln, muss man folglich erwerben. Es gibt Anzeichen dafür, dass auch diesbezüglich das Sprichwort „Übung macht den Meister“ gilt: Reflektiert man als LehrerIn das eigene Handeln und dessen Wirkung im Gespräch gewissenhaft, kann man schließlich im kommenden Gespräch die Fähigkeit zu just den Handlungsweisen weiterentwickeln, die dazu beigetragen haben, das gesteckte Ziel zu erreichen. Ein variantenreiches Können entsteht folglich am ehesten durch eigenes, reflektiertes Handeln. Nicht nur SchülerInnen, sondern auch LehrerInnen haben im gesprächsförmigen Unterricht über Literatur also immer die Chance, etwas über den literarischen Text und etwas über das Gespräch hierüber zu lernen.

Wir fassen zusammen:

Literarische Texte bieten sich als Gesprächsgegenstände an. Die Schule, insbesondere der Literaturunterricht, reagiert darauf. Gespräche über Literatur sollen Zugänge auch zu komplexen Texten für SchülerInnen eröffnen und vertiefen und literarisches Lernen bewirken. Zwei Gesprächstypen wurden prototypisch voneinander unterschieden, das fragend-entwickelnde und das Literarische Gespräch. U. E. weisen beide Typen sowohl Chancen als auch Risiken für das literarische Lernen auf. Gespräche über Literatur zu führen, ist eine durchaus schwierige LehrerInnen-Aufgabe – die zu erlernen sich lohnt.

Welche Anforderungen stellt das an die Lehrperson? Welches Wissen, welches Können braucht sie?

Eine Lehrperson muss um die möglichen Wirkungen und Nebenwirkungen von unterschiedlichen Gesprächsformaten und Sprachhandlungen im Unterricht wissen – dann kann sie das eigene Gesprächshandeln metakognitiv überwachen und auswerten. Sie sollte weiterhin ins Gespräch eine Haltung einbringen, die „echte" Fragen an den Text ermöglicht und Interesse an den „echten" Fragen der GesprächsteilnehmerInnen einschließt. Nicht zuletzt: Ein Gespräch über einen literarischen Text zu leiten, ist eine schwierige Aufgabe. Es lohnt sich, an den eigenen Fähigkeiten zu arbeiten.

Zum Weiterlesen:

Härle, Gerhard; Steinbrenner, Marcus (Hrsg.) (2014): Kein endgültiges Wort. Die Wiederentdeckung des Gesprächs im Literaturunterricht. Baltmannsweiler: Schneider Hohengehren.

Kirschenmann, Johannes; Richter, Christoph; Spinner, Kaspar H. (Hrsg.) (2011): Reden über Kunst. München: kopaed.

Zabka, Thomas (2020): Gespräche über Literatur. In: Praxis Deutsch. Jg. 48, H. 280, S. 4–11.

12 · Muss über Literatur immer nur geredet werden?

Wenn sich Studierende an ihren Literaturunterricht erinnern, dann in erster Linie an die Gespräche im Klassenverband – an die VielrednerInnen und an die größere Gruppe der Schweigsamen. Aber muss über Literatur in der Schule überhaupt immer geredet werden? Gibt es nicht andere Formen, sich gemeinsam literarischen Texten zu nähern?

Nein, über Literatur muss nicht immer geredet werden – wenn sie auch auf Kommunikation angelegt ist (→ 8, 11). In der kurzen Geschichte der akademischen Literaturdidaktik seit den 1960er Jahren haben sich im Wesentlichen drei Konzepte der Literaturdidaktik formiert, die sich in verschiedenen Mischungsverhältnissen und Konjunkturen bis in die Gegenwart zeigten. In didaktischen Konzepten sind Vorstellungen über die Gegenstände des Unterrichts, die Ziele, die erreicht werden sollen, und die Methoden miteinander verbunden, sodass sie eine Richtschnur für die Planung und Inszenierung liefern. In der Literaturdidaktik sind drei Konzepte unterscheidbar: das hermeneutische Konzept, das textanalytische und die Handlungs- und Produktionsorientierung (vgl. Nickel-Bacon

2006, 101 ff.). Ihr jeweiliges Verhältnis zum Gespräch im Klassenverbund stellt sich unterschiedlich dar. Die drei Konzepte werden im Folgenden vorgestellt.

Hermeneutik

Das historisch älteste literaturdidaktisch wirkmächtige Konzept ist das der Hermeneutik. Sich einem Werk hermeneutisch zu nähern heißt so viel wie „es auslegen“, „übersetzen“, auch: „interpretieren“ und „verstehen“. Die Bibel wurde im Lauf der Jahrtausende auf ihre Bedeutung für die jeweilige Gegenwart hin befragt, und dazu musste sie ausgelegt werden, denn der historische und kulturelle Abstand zwischen ihrer Niederschrift und ihrer Lektüre wuchs. Hermeneutischer Umgang mit Texten hat eine gewaltig lange Tradition.

Der Grundgedanke der Hermeneutik ist, dass Texte uns jetzt und hier etwas sagen können, dass sie sinnvoll sind. Der Textsinn lässt sich u. U. aber nicht auf Anhieb erspüren oder gar formulieren, man muss sich ihm vielmehr methodisch geleitet nähern. Das Wort „Sinn“ kann dabei in seiner konkreten Bedeutung verstanden werden: Wie beim Fell eines Tieres, bei dem alle Härchen gleichsinnig ausgerichtet sind, sodass die Richtung vorgegeben ist, in der man über das Fell streichen kann, wie bei diesem haptisch erfahrbaren Sinn weisen in literarischen Texten alle Ausdrucksdimensionen eine Richtung auf, die es zu erfassen und zusammen zu schließen gilt. Wie kann man diesen Sinn ermitteln? Der Weg des Verstehens wird mit dem Begriff des „hermeneutischen Zirkels“, oder passender: der „hermeneutischen Spirale“ beschrieben. Dafür formuliert man zunächst, wie man den Text oder seine Teile aus dem persönlichen (zeitlichen, sozialen) Kontext heraus spontan versteht. Von dieser Formulierung aus wendet man sich zurück zum Text und überprüft, ob es tatsächlich das ist, was er meint. Gibt es widersprechende oder anderssinnige Elemente im Text? Muss z. B. statt des leserseitigen (kulturellen, sozialen) Kontexts derjenige herangezogen werden, in dem der Text entstanden ist, um die Interpretation stimmig zu machen? Das nun veränderte, erweiterte Verständnis gilt es erneut zu formulieren und die gefundene Auslegung im folgenden Schritt am Text zu überprüfen. Wiederum sind womöglich nicht alle Dimensionen des Textes erschöpfend integriert, sodass erneut ein interpretierender Bezug des Textes auf seine und unsere Welt versucht wird … diese Kreisbewegung vom Text zur Auslegung zum Text usw. beschreibt die hermeneutische Spirale, deren Bewegung im Prinzip unendlich ist. Denn „Sinn“ als das, was der Text nicht ausspricht, sondern worauf er bloß verweist, ist bei literarischen Texten absichtsvoll nicht fixierbar. Die hermeneutische Spirale ist auf „Horizontverschmelzung“ hin ausgerichtet, d. h.: Die Auslegung soll in Übereinstimmung mit dem Sinnhorizont seiner Entstehungszeit stehen, aber auch intersubjektiv in Übereinstimmung mit den Leseweisen anderer LeserInnen. Der „Königsweg“ zum tieferen, genaueren Verstehen literarischer Texte ist im Konzept der Hermeneutik deshalb der Dialog: ein Dialog mit dem Text, ein Gespräch mit anderen über und mit dem Text.

Hermeneutisch orientierter Literaturunterricht war in der Mitte des letzten Jahrhunderts selbstverständlich. Es ging dem Literaturunterricht damals primär darum, der kleinen Minderheit von Heranwachsenden, die das Gymnasium besuchten und dadurch überhaupt systematisch mit Literatur in Berührung kamen, die Weisheit des literarischen Weltzugangs sozusagen als Lebenshilfe und Medium der Persönlichkeitsbildung mit auf den Weg zu geben. Hochliteratur und ihre textimmanenten Interpretationen waren in dieser Zeit Medium und Maßstab des literarischen Lernens.

Im Zuge der 1960er Jahre wurde dieses Konzept zunehmend als ideologiehaltig kritisiert. Eine sachliche, wissenschaftliche Auseinandersetzung mit literarischen Texten bestehe dagegen in Textanalysen. „Die Gegenstandspezifik der ästhetischen Literatur liegt in deren Strukturen“, formulierte Hermann Helmers, ein damals einflussreicher Deutschdidaktiker (Helmers 1971, 304). Die Hoch-Zeit des zweiten literaturdidaktisch wirkmächtigen Konzepts begann in dieser Zeit.

Textanalyse

Textanalyse bedeutet, sich auf die einzelnen formalen und inhaltlichen Elemente von Texten zu fokussieren und sie in ein Verhältnis zueinander zu setzen. Bei jedem Lesen gehen wir textanalytisch vor, indem wir einzelne Aussagen realisieren und mit anderen Aussagen zusammenschließen, dadurch Bedeutungen generieren und sie in einen inhaltlichen Zusammenhang integrieren. Die Textanalyse ist also nichts dem „normalen“

Lesen völlig Fremdes. Vieles davon geschieht beim spontanen alltäglichen Lesen allerdings automatisiert oder zumindest intuitiv, und es geschieht während des Leseakts, nicht im Anschluss an ihn.

Bei Texten, die anspruchsvoll im Verhältnis zu den Erfahrungen des Lesers/der Leserin sind, ist es sinnvoll, das alltägliche „stumme Verstehen" explizit zu machen und Kriterien zu liefern, nach denen literarische Texte analysiert werden können. Beispielsweise ist es in der Grundschule angebracht, in einem analytischen Zugang mit den Kindern zu entdecken, dass im Genre Märchen spezifische Welten dargestellt werden, die sich trennscharf von den Welten anderer Erzählungen oder von unserer Wirklichkeit unterscheiden lassen.

Hochliteratur verwendet besonders viele poetische Mittel (→ 8), vor allem bei Lyrik auch in besonderer Verdichtung. Die ungewohnteren davon verarbeiten wir kaum während des Lesens; zumindest machen wir uns das meist nicht bewusst, wobei das Ausmaß der Wahrnehmung natürlich von der literarischen Bildung abhängig ist. Die Literaturwissenschaft stellt zahlreiche Kategorien, oft gebunden an eine bestimmte Literaturtheorie oder theoretische Strömung, zur Textuntersuchung bereit; auch in der Literaturdidaktik sind immer wieder Vorschläge entstanden, welche analytischen Fachbegriffe und Kategorien jeder Schüler, jede Schülerin kennen und anwenden können sollte (z. B.: Schilcher/Pissarek 2015). Allerdings sind literarische Texte Individuen – welche Analyseschritte fruchtbar für das Verstehen sind, ist von Text zu Text natürlich unterschiedlich. Die Bildungsstandards zählen einige der gängigsten Kategorien als verbindlich auf, wobei unterschiedliche Ansprüche an die verschiedenen Schulformen gestellt werden.

Weil Textanalyse systematisch betrieben werden muss, gilt die schriftliche Form dafür als am geeignetsten: Verlangsamung und Systematisierung des Denkens, Folgerichtigkeit und Vollständigkeit sind so am ehesten gewährleistet. Die schriftliche, kriteriengeleitete Textanalyse gilt insofern innerhalb dieses Konzepts als der beste Weg zum tieferen und genaueren Verstehen von Literatur.

Während analytische Verfahren textbezogen und objektivierend vorgehen, haben die hermeneutisch ausgerichteten Gespräche eher einen intersubjektiven Charakter, indem sie Anreiz bieten, den Text im Gespräch zu elaborieren. Am deutlichsten auf die personale Erfahrung gerichtet ist das dritte bedeutende Konzept der Literaturdidaktik, die Handlungs- und Produktionsorientierung.

Handlungs- und Produktionsorientierung

Sie ist das historisch jüngste Konzept, zumindest, wenn man danach sucht, wann es erstmals als Vermittlungsverfahren dezidiert formuliert wurde (als Alltagspraxis ist es wohl viel älter): In der Reformschulbewegung der 20er Jahre des letzten Jahrhunderts, als „vom Kinde aus" gedacht wurde und die eigentätige und subjektive Beziehung zur Literatur wichtig wurde, wurde ein handelnder Zugang zu Literatur propagiert. Breit angenommen wurde die Handlungs- und Produktionsorientierung aber erst ab den 1980er Jahren, als der Hermeneutik Ideologie und der Textanalytik Formalismus angekreidet wurden. Es wurde argumentiert, dass SchülerInnen nicht zu PhilologInnen ausgebildet werden sollen, sondern einen lebendigen und praktischen Bezug zur Literatur als personale Erfahrungsmöglichkeit erreichen sollen (vgl. Haas 1997).

Aus der Rezeptionsästhetik, einer literaturwissenschaftlichen Strömung der 1960er Jahre, die insbesondere die Leserposition in literarischen Texten untersucht hat, stammt der folgende zentrale Gedanke der Handlungs- und Produktionsorientierung: Wir stehen beim Lesen einem Text nicht in einem Subjekt-Objekt-Verhältnis gegenüber, so dass wir aus einer Vogelperspektive über ihn nachdenken oder sprechen können, wie es die beiden oben genannten Konzepte voraussetzen. Im Gegenteil sind wir beim Lesen vom Text umfangen, wir sind in ihn verstrickt, wir realisieren seine Perspektiven und Ansichten in uns als eigene und reagieren in ihm auf ihn auf der Basis unserer Lebenserfahrungen. Insofern sei die richtige Umgangsweise mit einem Text seine Inszenierung: Wie eine Partitur im musikalischen Bereich aufgeführt werden muss, weil sie dadurch erst zur Musik wird, so soll der Text in seiner Verarbeitung in Erscheinung gebracht werden – ein Text „an sich" ist nicht existent, er ist kein Objekt, sondern ein Bewusstseinsprozess. Seine Inszenierung muss im Lesenden geschehen, als Imaginationsprozess im Resonanzraum personaler Erfahrungen. Wenn es dem Leser glückt, alle Momente des Textes in seinen Bewusstseinsstrom aufzunehmen und zu verarbeiten, dann versteht er oder sie den Text. In der schulischen Literaturvermittlung ist es bei anspruchsvollen Texten sinnvoll, diese innere Inszenierung zu unterstützen, indem sie handelnd gleichsam nach Außen gewendet wird, so die Grundidee der handlungs- und produktionsorientierten Didaktik.

SchülerInnen können beispielsweise nach dem Muster eines vorliegenden Gedichts selbst eines schaffen. Das passiert schon in der Grundschule, wenn „Elfchen" geschrieben werden, also freie Lyrik aus elf Wörtern, die ihrerseits bestimmten Kategorien angehören. Das Selber-Dichten gelingt auch bei etwas komplexeren Formen erfolgreich, wenn die Regeln des vorliegenden Textes klar sichtbar und nicht zu komplex sind. Bei der Bearbeitung einer solchen Aufgabe schauen sich die SchülerInnen den Ausgangstext genau an, eben um ein Muster zu erkennen. Sie überlegen beispielsweise, was ein Vers zum Ausdruck bringt und bringen soll. So denken sie intensiv darüber nach, wie der Ausgangstext aufgebaut ist und welche Stilmittel er anwendet, ohne sie unbedingt auch fachlich benennen zu können.

Handlungs- und produktionsorientierte Verfahren sind durchaus nicht auf das Selbermachen von Lyrik beschränkt. Es gibt, wie angeführt, textproduktive Verfahren (beispielsweise für eine Erzählung ein anderes Ende oder Briefe an eine Figur schreiben), auch szenische Gestaltungen (beispielsweise eine Leseaufführung oder ein Standbild inszenieren), visuelle Gestaltungen (Bilder oder Poster, Fotos oder Filme zu einem literarischen Text herstellen usw.) und natürlich akustische Gestaltungen – das Sprechen, Singen oder das Untermalen eines Textes mit Geräuschen wären dafür Beispiele.

Ziel der handlungs- und produktionsorientierten Literaturdidaktik ist die persönliche Texterfahrung; sie wird erreicht, wenn es gelingt, den lesenden Aufenthalt im Text durch eigenes Tun zu verlängern und zu intensivieren. Literatur, so dieses Konzept, will inszeniert und durchlebt werden, innerlich oder auch nach außen gewendet wie im Theaterspiel. Es geht nicht darum, „über" den Text zu sprechen, sondern „in" ihm, in seiner Welt sprachspielend zu handeln. Insofern hält dieses Konzept der Literaturdidaktik das spielerische Eingreifen in literarische Texte für den „Königsweg" zum besseren, zum tieferen Verstehen von Literatur. Der Text wird mit der eigenen Erfahrung und Lebenswelt im konkreten Handeln in Verbindung gesetzt. Darin zeigt sich, wie ein literarischer Text ins Leben hinein gehört und welche Funktion er dort hat.

Mit dieser Orientierung auf persönliche Bedeutsamkeit soll literarisches Lesen als Modus von Welterfahrung genossen und wertgeschätzt werden; metasprachliches Reden über den Text aus einer Vogelperspektive ist der Handlungs- und Produktionsorientierung fremd.

Drei Konzepte der Literaturdidaktik

Im Literaturunterricht haben sich diese drei Konzepte seit der Mitte des letzten Jahrhunderts abgewechselt: Die Hermeneutik ist, wie gesagt, als Verfahren sehr alt und im 19. Jahrhundert mit dem Aufkommen der Philologie als Wissenschaft auch methodologisch ausformuliert worden. Ab der Nachkriegszeit bestimmte sie den Unterricht. Die Textanalytik setzte in der Literaturdidaktik ein, als mehr Objektivität und Transparenz bei der Begegnung mit Texten gefordert wurde: Das war, wie gesagt, in den 1960er Jahren der Fall. Man mochte pathetische, textimmanente Interpretationen der 50er Jahre nicht mehr hören. Die Handlungs- und Produktionsorientierung wurde die dominante Strömung ab den 1980er Jahren. Um die Jahrhundertwende rückten mit den empirischen Studien zur Lesekompetenz literaturdidaktische Perspektiven und Konzepte der Literaturvermittlung in der akademischen Deutschdidaktik insgesamt in den Hintergrund.

Natürlich haben diese Konzepte auch Kritik erfahren: Der Handlungs- und Produktionsorientierung wurde insbesondere vorgeworfen, dass sie sich auf Subjektivität beschränke und andere als die lebensweltlichen Gegenwartskontexte nicht einbeziehen kann, z. B. historisch oder kulturell fremde Kontexte, weiter, dass durch Eingriffe die ästhetische Autonomie des Werks verletzt werde und schließlich, dass sie dann in die Beliebigkeit abgleitet, wenn nur noch gebastelt, gemalt und gesungen wird, ohne dass die Textbezüge auch intellektuell erreicht werden. Aber auch die dominant hermeneutische Ausrichtung wird immer wieder kritisiert (→ 11): als Geschwätz, das mit dem Text nichts mehr zu tun hat, als das bloße Äußern von Meinungen, die beliebig bleiben. Und der Analytik wird natürlich Formalismus und Entfremdung von der lebendigen Literaturerfahrung vorgeworfen. Nichtsdestotrotz bleibt die Hermeneutik bei der Textbegegnung natürlich das grundlegendste Konzept: Denn das elementare Motiv für literarisches Lesen ist das Begehren nach Sinn, und Unterricht, der es nicht aufgreift, wird die SchülerInnen schwerlich erreichen.

Praktisch gesehen wird allerdings im Literaturunterricht kaum je ein einziges Konzept allein angewendet: Wenn mit dem Text produktiv gespielt wird, folgt oft ein Gespräch, wie der Text nunmehr verstanden wird. In der Abiturprüfung wird zu vielschichtigen literarischen Texten sowohl eine Analyse gefordert als auch eine produktive Aufgabe gestellt. Und schließlich: Kaum ein Unterricht kommt ohne Gespräch aus! Aber meist hat er doch einen Schwerpunkt auf einem der Konzepte, je nach Zielstellung der Lehrperson (→ 9). Und natürlich hat jede Literaturunterrichtsstunde auch unterschiedliche Phasen, die jeweils eigene methodische Schwerpunkte haben können. Um diese Phasen geht es abschließend.

Phasen der Literaturbegegnung

In einer bis heute einflussreichen Grundlegung der Literaturdidaktik von Jürgen Kreft (1972) wurden die Phasen der Literaturbegegnung in Anlehnung an den hermeneutischen Zirkel modelliert. In aktuellen literaturdidaktischen Schriften findet man diese Phasen in dieser oder ähnlicher Formulierung wieder. Sie werden hier angeführt, um noch einmal zu unterstreichen, dass das Verstehen und Aneignen von Literatur didaktisch als Prozess zu denken ist, als Prozess, der den eigentlichen Ertrag des Unterrichts darstellt – nicht als Produkt, als „fertige" oder gar „vollständige" Interpretation.

Den ersten Zugriff unerfahrener LeserInnen auf einen literarischen Text nennt Kreft „Phase der bornierten Subjektivität". Borniert ist diese Phase, weil unmittelbar und bloß assoziativ der eigene begrenzte Verstehenshorizont zum Tragen kommt. Es entsteht ein erster Interpretationsentwurf. Dieses spontane Verstehen wird in der folgenden Phase, der „Phase der Objektivierung", durch eine Abarbeitung am Text korrigiert oder sogar transzendiert. Hier kommt auch die ggf. widersprechende Sicht anderer LeserInnen ins Spiel, die die Überprüfung des ersten Interpretationsentwurfs einfordert. Die dritte Phase nennt Kreft „Phase der Aneignung", weil sich die SchülerInnen nun zurückwenden und ihr erweitertes Verstehen textorientiert einer erneuten Überprüfung unterziehen. Wenn der

Text nun auf die eigenen (individuellen, sozialen, kulturellen) Kontexte angewendet wird, so geschieht das – im Unterschied zur ersten Phase – bewusst. In einem vierten Schritt wird schließlich ein überindividueller Bezug auf die Praxis und auf gesellschaftliche, historische, literaturwissenschaftliche Strukturen vollzogen; Kreft spricht von der „Phase der Applikation" (ebd., 379 ff.).

Unschwer kann man in dieser Modellierung die Spiralbewegung vom Text auf das eigene Verstehen, zurück zum Text und wiederum auf das eigene Verstehen usw. erkennen. Welches Gewicht die Lehrperson auf welche der Phasen legt und ob sie allen im Unterricht Aufmerksamkeit widmet, ist von der Altersstufe, die sie unterrichtet, von den Potentialen des Textes und sicher auch von ihren Unterrichtszielen abhängig, die in den drei genannten Konzepten der Literaturdidaktik gewissermaßen gebündelt vorliegen.

Muss also über Literatur immer nur geredet werden? – Nein, das ist nicht der Fall! Die drei grundsätzlichen Optionen so zu balancieren, dass der Unterricht den SchülerInnen, dem Text und den Zielen des Unterrichts gerecht wird – das ist die Kunst, Literatur zu unterrichten.

Wir fassen zusammen:

In einem didaktischen Konzept sind Entscheidungen bezüglich des „Was", des „Wie" und des „Warum" von Lehr-Lern-Situationen gebündelt. Wesentlich für die Literaturdidaktik sind die drei Konzepte Hermeneutik, Textanalyse und Handlungs- und Produktionsorientierung, die in der jüngeren Geschichte des Literaturunterrichts nacheinander im Vordergrund standen. Anschlusskommunikation an Texte steht insbesondere in einer hermeneutischen Unterrichtskonzeption im Zentrum des Unterrichtsgeschehens. Diese Konzepte bestimmen auch gegenwärtig den Unterricht, oft nicht allein, sondern nacheinander in verschiedenen Unterrichtsphasen. Die Phasen der Literaturbegegnung und -reflexion wurden didaktisch modelliert. Je nach Altersstufe, den Potentialen des Textes und den Unterrichtszielen wird die Lehrperson einen Schwerpunkt auf eines der Konzepte legen und den jeweiligen Phasen mehr oder weniger Raum geben.

Welche Anforderungen stellt das an die Lehrperson? Welches Wissen, welches Können braucht sie?

Auch für höhere Altersstufen ist weder die analytische Textbegegnung noch ein metasprachlicher Interpretationsunterricht das Maß aller Dinge – auch die Inszenierung von Literatur ist, wie in der Musik, eine legitime Form ihrer Interpretation. Literaturverstehen ist ein Prozess; und seine Entwicklung und Realisierung muss für jede Schülerin, für jeden Schüler möglich werden. Bei der konkreten Strukturierung von Unterrichtsstunden und der Planung von Aufgaben ist die Berücksichtigung des Prozesscharakters von Verstehen wichtig. Um es angemessen unterstützen zu können, benötigt die Lehrperson Wissen um die verschiedenen didaktischen Konzepte und das Können, diese situationsangemessen einzusetzen und zu variieren.

Zum Weiterlesen:

Härle, Gerhard (2010): Irritation und Nicht-Verstehen. Zur Hermeneutik als Provokation für die Literaturdidaktik. In: Michael Baum; Marion Bönnighausen (Hrsg.): Kulturtheoretische Kontexte für die Literaturdidaktik. Baltmannsweiler: Schneider Hohengehren.

Spinner, Kaspar H. (2013): Handlungs- und produktionsorientierter Literaturunterricht. In: Volker Frederking u. a. (Hrsg.): Taschenbuch des Deutschunterrichts. Band 2. 2., neu bearbeitete und erweiterte Ausgabe. Baltmannsweiler: Schneider Hohengehren, S. 319–333.

Brand, Tilman von (2017): Phasierungsmodelle für den Literaturunterricht. In: Jürgen Baurmann; Clemens Kammler; Astrid Müller (Hrsg.): Handbuch Deutschunterricht. Theorie und Praxis des Lehrens und Lernens. Seelze: Kallmeyer, S. 217–220.

Literatur

Abraham, Ulf; Kepser, Matthis (2016): Literaturdidaktik Deutsch. Eine Einführung. 4., völlig neu bearbeitete und erweiterte Auflage. Berlin: Erich Schmidt.

Artelt, Cordula; Schlagmüller, Matthias (2004): Der Umgang mit literarischen Texten als Teilkompetenz im Lesen? Dimensionsanalysen und Ländervergleiche. In: Ulrich Schiefele; Cordula Artelt; Wolfgang Schneider: Struktur, Entwicklung und Förderung von Lesekompetenz. Vertiefende Analysen im Rahmen von PISA 2000. Wiesbaden, S. 169–196.

Assmann, Aleida (2006): Erinnerungsräume. Formen und Wandlungen des kulturellen Gedächtnisses. 3. Auflage. München: Beck.

Bamberger, Richard (2000): Erfolgreiche Leseerziehung in Theorie und Praxis. Mit besonderer Berücksichtigung des Projektes »Leistungs- und Motivationssteigerung im Lesen und Lernen unter dem Motto Lese- und Lernolympiade«. Baltmannsweiler: Schneider Hohengehren.

Becker-Mrotzek, Michael; Kämper-van den Boogaart, Michael; Köster, Juliane; Stanat, Petra; Gippner, Gabriele (Hrsg.). (2015): Bildungsstandards aktuell: Deutsch in der Sekundarstufe II. Braunschweig: Bildungshaus Schulbuchverlage.

Behrens, Ulrike; Böhme, Katrin; Bremerich-Vos, Albert; Hunger, Susanne (Hrsg.) (2014): Bildungsstandards Deutsch: konkret. Sekundarstufe I. Aufgabenbeispiele, Unterrichtsanregungen, Fortbildungsideen. Berlin: Cornelsen.

Berthold, Christian (1993): Fiktion und Vieldeutigkeit: zur Entstehung moderner Kulturtechniken des Lesens im 18. Jahrhundert. Tübingen: Niemeyer.

Bertschi-Kaufmann, Andrea; Graber, Tanja (Hrsg.) (2016): Lesekompetenz – Leseleistung – Leseförderung. Grundlagen, Modelle und Materialien. Aktualisierte Neuauflage. Zug: Klett und Balmer.

Bertschi-Kaufmann, Andrea; Pieper, Irene; Siebenhuner, Steffen; Böhme, Katrin; Fässler, Dominik (2018): Literarische Bildung in der aktuellen Praxis des Lese- und Literaturunterrichts des Sekundarstufe I. In: Daniel Scherf, Andrea Bertschi-Kaufmann (Hrsg.): Ästhetische Rezeptionsprozesse in didaktischer Perspektive. Weinheim: Beltz Juventa, S. 132–148.

Bettelheim, Bruno (1980): Kinder brauchen Märchen. München: dtv.

Bildungsstandards im Fach Deutsch für den Primarbereich. Beschluss vom 15.10.2004. Herausgegeben vom Sekretariat der Ständigen Konferenz der Kultusminister der Länder in der Bundesrepublik Deutschland. München: Luchterhand 2005. https://www.kmk.org/fileadmin/veroeffentlichungen_beschluesse/2004/2004_10_15-Bildungsstandards-Deutsch-Primar.pdf (Zugriff 15.6.2019).

Bos, Wilfried; Valtin, Renate; Hußmann, Anke; Wendt, Heike; Goy, Martin (2017): Iglu 2016: Wichtige Ergebnisse im Überblick. In: Anke Hußmann et al. (Hrsg.): Iglu 2016. Lesekompetenzen von Grundschulkindern in Deutschland im internationalen Vergleich. Münster, New York: Waxmann, S. 13–28. https://www.waxmann.com/?eID=texte&pdf=3700Volltext.pdf&typ=zusatztext (Zugriff 15.6.2019).

Brand, Tilman von (2017): Phasierungsmodelle für den Literaturunterricht. In: Jürgen Baurmann; Clemens Kammler; Astrid Müller (Hrsg.): Handbuch Deutschunterricht. Theorie und Praxis des Lehrens und Lernens. Seelze: Kallmeyer, S. 217–220.

Bräuer, Christoph (2013): Lesegespräche führen. In: Ulf Abraham; Julia Knopf (Hrsg.): Deutsch. Didaktik für die Grundschule. Berlin: Cornelsen, S. 33–42.

Bremerich-Vos, Albert; Granzer, Dietlinde; Behrens, Ulrike; Köller, Olaf (Hrsg.) (2009): Bildungsstandards für die Grundschule: Deutsch konkret. Aufgabenbeispiele, Unterrichtsanregungen, Fortbildungsideen. 3. Aufl. 2011. Berlin: Cornelsen. https://edoc.hu-berlin.de/bitstream/handle/18452/3773/1.pdf?sequence=1&isAllowed=y (Zugriff 15.6.2019).

Bühler, Charlotte ([1918] 1958): Das Märchen und die Phantasie des Kindes. In: Charlotte Bühler; Hildegard Hetzer: Das Märchen und die Phantasie des Kindes. München: Johann Ambrosius Barth 1958, S. 17–71. (Erstmals in: Zeitschrift für angewandte Psychologie, Beiheft 7, 1918).

Demmrich, Anke; Brunstein, Joachim C. (2004): Förderung sinnverstehenden Lesens durch »Reziprokes Lehren«. In: Gerhard W. Lauth; Matthias Grünke; Joachim C. Brunstein (Hrsg.): Interventionen bei Lernstörungen. Förderung, Training und Therapie in der Praxis. Göttingen u. a.: Hogrefe, S. 279–287.

Eggert, Hartmut; Garbe, Christine (2003): Literarische Sozialisation. 2., aktualisierte und erweiterte Auflage. Stuttgart, Weimar: Metzler.

Enzensberger, Hans Magnus (1991 [1976]): Bescheidener Vorschlag zum Schutz der Jugend vor den Erzeugnissen der Poesie. In: Ders.: Mittelmaß und Wahn. Frankfurt/M.: Suhrkamp, S. 23–41.

Feilke, Helmuth (2011): Literalität und literale Kompetenz: Kultur, Handlung, Struktur. In: Lesefoum.ch 1/2011. http://www.leseforum.ch/myUploadData/files/2011_1_Feilke.pdf (Zugriff 15.6.2019).

Feilke, Helmuth (2014): Begriff und Bedingungen literaler Kompetenz. In: Helmuth Feilke; Torsten Pohl (Hrsg.): Deutschunterricht in Theorie und Praxis, Band 4: Schriftlicher Sprachgebrauch – Texte verfassen. Baltmannsweiler: Schneider Hohengehren, S. 33–53.

Fingerhut, Karlheinz (1997): Kanon, Kommentar und Schulkultur. Didaktische Arbeit am Kanon unter den Bedingungen der Postmoderne. In: Deutschunterricht, Jg. 50, H. 4, S. 180 190.

Friedländer, Käthe (1941). Über Kinderbücher und ihre Funktion in Latenz und Vorpubertät. Internationale Zeitschrift für Psychoanalyse und Imago, 26, S. 232–251.

Garbe, Christine; Holle, Karl; Salisch, Maria von (2006): Entwicklung und Curriculum: Grundlagen einer Sequenzierung von Lehr-/Lernzielen im Bereich des (literarischen) Lesens. In: Norbert Groeben; Bettina Hurrelmann (Hrsg.): Empirische Unterrichtsforschung in der Literatur- und Lesedidaktik. Ein Weiterbildungsprogramm. Weinheim und München: Juventa, S. 115–154.

Gold, Andreas (2018): Lesen kann man lernen. Wie man die Lesekompetenz fördern kann. 3., völlig überarbeitete Auflage. Göttingen: Vandenhoeck & Ruprecht.

Gold, Andreas; Mokhlesgerami, Judith; Rühl, Katja; Schreblowski, Stephanie; Souvignier, Elmar (2004): Wir werden Textdetektive. Lehrermanual und Arbeitsheft. Göttingen: Vandenhoeck & Ruprecht.

Graf, Werner (2007): Lesegenese in Kindheit und Jugend. Einführung in die literarische Sozialisation. Baltmannsweiler: Schneider Hohengehren.

Groeben, Norbert; Dutt, Carsten (2011): Fiktionskompetenz. In: Matias Martinez (Hrsg.): Handbuch Erzählliteratur. Theorie, Analyse, Geschichte. Stuttgart: Metzler, S. 63–67.

Grotlüschen, Anke; Riekmann, Wibke (2012): Funktionaler Analphabetismus in Deutschland. Ergebnisse der ersten LEO. – Level-One Studie. Reihe: Alphabetisierung und Grundbildung (Band 10). Hrsg. vom Bundesverband Alphabetisierung und Grundbildung e. V., Münster.

Haas, Gerhard (1997): Handlungs- und produktionsorientierter Literaturunterricht. Theorie und Praxis eines „anderen" Literaturunterrichts für die Primar- und Sekundarstufe. Völlig überarbeitete Neuauflage. Seelze: Kallmeyer.

Hacks, Peter (1975): Der Bär auf dem Försterball. Mit Bildern von Walter Schmögner. Reinbek: Rowohlt.

Härle, Gerhard (2010): Irritation und Nicht-Verstehen. Zur Hermeneutik als Provokation für die Literaturdidaktik. In: Michael Baum; Marion Bönnighausen (Hrsg.): Kulturtheoretische Kontexte für die Literaturdidaktik. Baltmannsweiler: Schneider Hohengehren.

Härle, Gerhard; Steinbrenner, Marcus (Hrsg.) (2014): Kein endgültiges Wort. Die Wiederentdeckung des Gesprächs im Literaturunterricht. Baltmannsweiler: Schneider Hohengehren.

Hart, Betty; Risley, Todd R. (2003): The Early Catastrophe. The 30 Million Word Gap by Age 3. American Educator. Jg. 27, H. 1, S. 4–9.

Harwart, Miriam; Scherf, Daniel (2018): „Vielleicht muss man aber auch so damit leben können und es aushalten." Zur Bedeutung des Lehrerhandelns in schulischen ästhetischen Rezeptionsprozessen. In: Daniel Scherf; Andrea Bertschi-Kaufmann (Hrsg.): Ästhetische Rezeptionsprozesse in didaktischer Perspektive. Weinheim: Beltz Juventa, S. 149–163.

Helmers, Hermann (1971): Didaktik der deutschen Sprache. Einführung in die Theorie der muttersprachlichen und literarischen Bildung. 6. Aufl., Darmstadt: Wissenschaftl. Buchgesellschaft.

Holle, Karl (2009): Psychologische Lesemodelle und ihre lesedidaktischen Implikationen. In: Christine Garbe; Karl Holle; Tatjana Jesch (2009): Texte lesen. Lesekompetenz –

Textverstehen – Lesedidaktik – Lesesozialisation. Paderborn u. a.: Ferdinand Schöningh (UTB), S. 103–165.

Hurrelmann, Bettina (2002): Kinder- und Jugendliteratur im Unterricht. In: Klaus-Michael Bogdal; Hermann Korte (Hrsg): Grundzüge der Literaturdidaktik. München: dtv, S. 134–146.

Hurrelmann, Bettina (2004): Bildungsnormen als Sozialisationsinstanz. In: Norbert Groeben; Bettina Hurrelmann (Hrsg.): Lesesozialisation in der Mediengesellschaft. Ein Forschungsüberblick. Weinheim; München: Juventa, S. 280–304.

Hurrelmann, Klaus; Bauer, Ulrich; Grundmann, Matthias; Walper, Sabine (Hrsg.) (2015): Handbuch Sozialisationsforschung. 8. Auflage. Weinheim, Basel: Beltz.

Hußmann, Anke; Wendt, Heike; Bos, Wilfried; Bremerich-Vos, Albert; Kasper, Daniel; Lankes, Eva-Maria; McElvany, Nele; Stubbe, Tobias C.; Valtin, Renate (Hrsg.) (2017): IGLU 2016. Lesekompetenzen von Grundschulkindern in Deutschland im internationalen Vergleich. Waxmann. https://www.waxmann.com/?eID=texte&pdf=3700Volltext.pdf&typ=zusatztext (Zugriff 15.6.2019).

Kelley, Michelle J.; Clausen-Grace, Nicki (2010): R5: A Sustained Silent Reading Makeover That Works. In: Elfrieda H. Hiebert; D. Ray Reutzel (Ed.): Revisiting Silent Reading. New Directions for Teachers and Researchers. Newark: International Reading Association, S. 168–180.

Kirschenmann, Johannes; Richter, Christoph; Spinner, Kaspar H. (Hrsg.) (2011): Reden über Kunst. München: kopaed.

Kleinschmidt, Katrin; Pohl, Thorsten (2017): Leichte Sprache vs. adaptives Sprachhandeln. In: Bettina M. Bock; Ulla Fix; Daisy Lange (Hrsg.): „Leichte Sprache“ im Spiegel theoretischer und angewandter Forschung. Berlin: Frank und Timme, S. 87–110.

Koch, Peter; Oesterreicher, Wulf (1985): Sprache der Nähe – Sprache der Distanz. Mündlichkeit und Schriftlichkeit im Spannungsfeld von Sprachtheorie und Sprachgeschichte. In: Romanistisches Jahrbuch. Berlin, NewYork: Walter de Gruyter, S. 15–43.

Korte, Hermann (2002): Historische Kanonforschung und Verfahren der Textauswahl. In: Bogdal, Klaus-Michael; Korte, Hermann (Hrsg.): Grundzüge der Literaturdidaktik. München: dtv, S. 61–77.

Köster, Juliane (2015): Merkmalslisten, Prototypen, Exemplare. Wege zur Didaktisierung von Gattungs- und Genrewissen. In: Leseräume. Zeitschrift für Literalität in Schule und Forschung. Jg. 2, H. 2, S. 59–71. http://leseräume.de/?page_id=308 (Zugriff 15.6.2019).

Kreft, Jürgen (1977): Grundprobleme der Literaturdidaktik. Eine Fachdidaktik im Konzept sozialer und individueller Entwicklung und Geschichte. Heidelberg: Quelle & Meyer (UTB).

Kunter, Mareike; Baumert, Jürgen; Blum, Werner; Klusmann, Uta; Krauss, Stefan; Neubrand, Michael (Hrsg.) (2011): Professionelle Kompetenz von Lehrkräften. Ergebnisse des Forschungsprogramms COACTIV. Münster u. a.: Waxmann.

Kutzelmann, Sabine; Rosebrock, Cornelia (Hrsg.) (2018): Praxis der Lautleseverfahren. Baltmannsweiler: Schneider Verlag Hohengehren.

Lange, Günter (Hrsg.) (2012): Kinder- und Jugendliteratur der Gegenwart. Grundlagen – Gattungen – Medien – Lesesozialisation und Didaktik. Ein Handbuch. Baltmannsweiler: Schneider Hohengehren.

Lange, Reinhard (2012): Die Lese- und Lernolympiade. Aktive Leseerziehung mit dem Lesepass nach Richard Bamberger. 2.Auflage. Baltmannsweiler: Schneider Hohengehren.

Leisen, Josef (2007): Unterrichtsgespräch: Fragend-entwickelnder Unterricht, sokratischer Dialog und Schülergespräche. In: Physik Methodik für die Sekundarstufen. Berlin: Cornelsen Scriptor, S. 115–132.

Leseräume (2015): Elf Aspekte des literarischen Lernens auf dem Prüfstand. Zeitschrift für Literalität in Schule und Forschung. Jg. 2, H. 2. www.leseräume.de (Zugriff 15.6.2019).

Lösener, Hans; Siebauer, Ulrike (2016): Die Frage nach dem Sinn. Zur Entwicklung von Frageperspektiven in literarischen Gesprächen. In: Nicola Mitterer; Hajnalka Nagy; Werner Wintersteiner (Hrsg.): Die Ansprüche der Literatur als Herausforderung für den Literaturunterricht. Theoretische Perspektiven der Literaturdidaktik. Frankfurt/M.: Peter Lang, S. 185–205.

Lypp, Maria: (2000 [1995]): Zum Begriff des Einfachen in der Kinderliteratur. Ein Diskussionsbeitrag. In: Dies. (2000): Vom Kasper zum König: Studien zur Kinderliteratur. Frankfurt/M. u. a.: Peter Lang, S. 75–77.

Maiwald, Klaus (2015): Literarisches Lernen als didaktischer Integrationsbegriff. Spinners „Elf Aspekte" als Struktur- und Denkrahmen für weiterführende Modellierung(en). In: Leseräume. Elf Aspekte des literarischen Lernens auf dem Prüfstand. Zeitschrift für Literalität in Schule und Forschung. Jg. 2, H. 2, S. 85–95. http://leseräume.de/wp-content/uploads/2015/10/lr-2015-1-maiwald.pdf (Zugriff 15.6.2019).

Meier, Carolin (2019): Webbasierte Leseförderung in der Grundschule am Beispiel von Antolin: Eine empirische Studie zur Lesesozialisationsforschung. Frankfurt/M. u. a.: Peter Lang.

Mol, Suzanne E.; Bus; Adriana (2011): To Read or Not to Read: A Meta-analysis of Print Exposure from Infancy to Early Adulthood. In Psychological Bulletin, S. 267–296. DOI: 10.1037/a0021890. https://www.ncbi.nlm.nih.gov/pubmed/21219054 (Zugriff 15.6.2019).

Möller, Jens; Schiefele, Ulrich (2004): Motivationale Grundlagen der Lesekompetenz. In: Ulrich Schiefele; Cordula Artelt; Wolfgang Schneider; Petra Stanat (Hrsg.): Struktur, Entwicklung und Förderung von Lesekompetenz. Vertiefende Analysen im Rahmen von PISA 2000. Wiesbaden: VS Verlag für Sozialwissenschaften, S. 101–124.

NICHD – National Institute of Child Health and Human Development (2000): Report of the National Reading Panel: Teaching children to read – An evidence-based assessment of the scientific research literature on reading and its implications for reading instruction. Washington, DC: U.S. Government Printing Office. https://www.nichd.nih.gov/sites/default/files/publications/pubs/nrp/Documents/report.pdf (Zugriff 15.6.2019).

Nickel-Bacon, Irmgard (2006): Positionen der Literaturdidaktik – Methoden des Literaturunterrichts. Ein heuristischer Explikationsversuch für die empirische Grundlagenforschung. In: Norbert Groeben; Bettina Hurrelmann (Hrsg.): Empirische Unterrichtsforschung in der Literatur- und Lesedidaktik. Ein Weiterbildungsprogramm. Weinheim, München: Juventa 2006, S. 95–114.

OECD (2001): Baumert, Jürgen; Klieme, Eckhard; Neubrand, Michael; Prenzel, Manfred; Schiefele, Ulrich; Schneider, Wolfgang; Stanat, Petra; Tillmann, Klaus-Jürgen; Weiß, Manfred (Hrsg.) / Deutsches PISA-Konsortium: PISA 2000. Basiskompetenzen von Schülerinnen und Schülern im internationalen Vergleich. Opladen: Leske + Budrich.

OECD (2002): Beispielaufgaben aus der PISA 2000-Erhebung. Lesekompetenz, mathematische und naturwissenschaftliche Grundbildung. http://www.oecd.org/education/school/programmeforinternationalstudentassessmentpisa/37831236.pdf (Zugriff 15.6.2019).

OECD (2016): Programme for International Student Assessment (PISA). PISA 2015 Ergebnisse. Ländernotiz Deutschland. http://www.oecd.org/pisa/pisa-2015-Germany-DEU.pdf. (Zugriff 15.6.2019).

Ong, Walter J. (2016): Oralität und Literalität. 2. Auflage. Wiesbaden: Springer.

Pfäfflin, Sabine (2010): Auswahlkriterien für Gegenwartsliteratur im Deutschunterricht. 2. korrigierte und überarbeitete Auflage. Baltmannsweiler: Schneider Hohengehren.

Philipp, Maik (2008): Lesen, wenn anderes und andere wichtiger werden. Empirische Erkundungen zur Leseorientierung in der peer group bei Kindern aus fünften Klassen. Hamburg: LitVerlag.

Philipp, Maik (2011): Lesesozialisation in Kindheit und Jugend. Lesemotivation, Leseverhalten und Lesekompetenz in Familie, Schule und Peer-Beziehungen. Stuttgart: Kohlhammer.

Philipp, Maik (2012): Motiviert lesen und schreiben. Dimension, Bedeutung, Förderung. Seelze: Klett Kallmeyer.

Philipp, Maik (2015): Lesestrategien. Bedeutung, Formen und Vermittlung. Weinheim: Beltz Juventa.

Phillip, Maik; Schilcher, Anita (Hrsg.) (2012): Selbstreguliertes Lesen. Ein Überblick über wirksame Leseförderansätze. Seelze: Klett Kallmeyer.

Pieper, Irene (2010): Lese- und literarische Sozialisation. In: Michael Kämper-van den Boogaart; Kaspar H. Spinner (Hrsg.): Deutschunterricht in Theorie und Praxis, Band 11/1: Lese- und Literaturunterricht. Baltmannsweiler: Schneider Hohengehren, S. 87–147.

Pohl, Thorsten (2006): Projektskizze – Sekundäre Literalisierung / Distanzsprachliche Sozialisierung (anlässlich der Verleihung des Förderpreises Deutschdidaktik in Weingarten). Unveröffentlichtes Manuskript, in: Symposium Deutschdidaktik, Mitgliederbrief. Nr. 18, S. 2–5.

Rank, Bernhard; Bräuer, Christoph (2008): Literarische Bildung durch literarische Erfahrung. In: Gerhard Härle; Bernhard Rank (Hrsg.): „Sich bilden, ist nichts anders, als frei werden." Sprachliche und literarische Bildung als Herausforderung für den Deutschunterricht. Baltmannsweiler: Schneider Hohengehren, S. 63–87.

Retelsdorf, Jan; Möller, Jens (2008): Entwicklungen von Lesekompetenz und Lesemotivation: Schereneffekte in der Sekundarstufe? In: Zeitschrift für Entwicklungspsychologie und Pädagogische Psychologie 40, 179–188.

Rieckmann, Carola; Jörgens, Moritz; Rosebrock, Cornelia (2013): Verhinderte Lesebereitschaft. Was fehlt schriftfernen Jugendlichen zum eigenständigen Lesen? In: IDE-Informationen zur Deutschdidaktik: Literale Praxis. Jg. 33, H. 1, S. 87–99. http://wwwg.uni-klu.ac.at/ide/pdf/2013-1-Rieckmann_J%C3%B6rgens_Rosebrock.pdf (Zugriff 1.6.2019).

Rosebrock, Cornelia (2012): Was ist Lesekompetenz, und wie kann sie gefördert werden? http://www.leseforum.ch/myUploadData/files/2012_3_Rosebrock.pdf (Zugriff 15.6.2019).

Rosebrock, Cornelia (2016): Anforderungen von Sach- und Informationstexten; Anforderungen literarischer Texte. In: Andrea Bertschi-Kaufmann; Tanja Graber (Hrsg.): Lesekompetenz – Leseleistung – Leseförderung. Grundlagen, Modelle und Materialien. Seelze: Kallmeyer; Zug: Klett und Balmer, S. 58–75.

Rosebrock, Cornelia; Bertschi-Kaufmann, Andrea (Hrsg.) (2013): Literalität erfassen: bildungspolitisch, kulturell, individuell. Weinheim: Beltz Juventa.

Rosebrock, Cornelia; Nix, Daniel (2017): Grundlagen der Lesedidaktik und der systematischen schulischen Leseförderung. 8. korr. Aufl. Baltmannsweiler: Schneider Hohengehren.

Rosebrock, Cornelia; Nix, Daniel; Rieckmann, Carola; Gold, Andreas (2017): Leseflüssigkeit fördern. Lautleseverfahren für die Primar- und Sekundarstufe. 5. Auflage. Seelze: Klett Kallmeyer.

Rosebrock, Cornelia; Rieckmann, Carola; Nix, Daniel; Gold, Andreas (2010): Förderung der Leseflüssigkeit bei leseschwachen Zwölfjährigen. In: Didaktik Deutsch, Jg. 16. H. 28, S. 33–58.

Rosebrock, Cornelia; Wirthwein, Heike (2014): Standardorientierung im Lese- und Literaturunterricht der Sekundarstufe I. Baltmannsweiler: Schneider Hohengehren.

Rux, Johannes (2002): Die Schulpflicht und der Bildungs- und Erziehungsanspruch des Staates. Recht der Jugend und des Bildungswesens Jg. 50, H. 4, S. 423–434.

Sander, Julia; Rosebrock, Cornelia (2016): Komplexität literarischer Texte als didaktische Kategorie. In: Literatur im Unterricht (LiU), Jg. 17, H. 2, S. 143–156.

Scherer, Gabriela; Volz, Steffen; Wiprächtiger-Geppert, Maja (Hrsg.) (2014): Bilderbuch und literar-ästhetische Bildung: Aktuelle Forschungsperspektiven. Trier: Wissenschaftlicher Verlag Trier.

Schilcher, Anita; Pissarek, Markus (Hrsg.) (2015): Auf dem Weg zur literarischen Kompetenz. Ein Modell literarischen Lernens auf semiotischer Grundlage, 3. korrigierte und ergänzte Auflage. Baltmannsweiler: Schneider Hohengehren 2015.

Schoenbach, Ruth; Greenleaf, Cynthia; Cziko, Christine; Hurwitz, Lori (2010): Lesen macht schlau. Neue Lesepraxis für weiterführende Schulen. Herausgegeben von Dorothee Gaile. 5. Auflage. Berlin: Cornelsen Scriptor.

Seel, Martin (2011): Seel, Martin: Dialoge über Kunst. In: Johannes Kirschenmann; Christoph Richter; Kaspar H. Spinner (Hrsg.): Reden über Kunst. München: kopaed, S. 15–27.

Shulman, Lee S. (1986): Those who understand: Knowledge growth in teaching. Educational Researcher, 15(2), S. 4–14. http://www.fisica.uniud.it/URDF/masterDidSciUD/materiali/pdf/Shulman_1986.pdf (Zugriff 15.6.2019).

Sontag, Susan (1980): Gegen Interpretation. In: Dies.: Kunst und Antikunst. 24 literarische Analysen. Deutsch von Mark W. Rien. München, Wien: Hanser, S. 9–18. http://www.khist.uzh.ch/chairs/bildende/lehre/Sontag_Interpretation.pdf (Zugriff 15.6.2019).

Spinner, Kaspar H. (1986): Wie Schüler kurze Geschichten verstehen und was daraus zu folgern ist. In: Praxis Deutsch, Jg. 13, H. 75, S. 9–14. https://d-nb.info/1081900474/34 (Zugriff 15.6.2019).

Spinner, Kaspar H. (1992): Sokratisches Lehren und die Dialektik der Aufklärung. Zur Kritik des fragend-entwickelnden Unterrichtsgesprächs. In: Diskussion Deutsch, Jg. 23, H. 126, S. 309–321. https://core.ac.uk/download/pdf/35097943.pdf (Zugriff 15.6.2019).

Spinner, Kaspar H. (1999/2001): Zielsetzungen des Literaturunterrichts (1999). In: Ders.: Kreativer Deutschunterricht. Identität – Imagination – Kognition. Seelze: Kallmeyer 2001, S. 168–172.

Spinner, Kaspar H. (2006): Literarisches Lernen. Praxis Deutsch, Jg. 33, H. 200, S. 6–16.

Spinner, Kaspar H. (2010): Methoden des Literaturunterrichts. In: Michael Kämper-van den Boogaart; Kaspar H. Spinner (Hrsg.): Deutschunterricht in Theorie und Praxis, Band 11/2: Lese- und Literaturunterricht. Baltmannsweiler: Schneider Hohengehren Baltmannsweiler: Schneider Hohengehren, S. 190–242.

Spinner, Kaspar H. (2013): Handlungs- und produktionsorientierter Literaturunterricht. In: Volker Frederking u. a. (Hrsg.): Taschenbuch des Deutschunterrichts. Band 2. 2., neu bearbeitete und erweiterte Ausgabe. Baltmannsweiler: Schneider Hohengehren, S. 319–333.

Spinner, Kaspar H. (2016): Lesen als ästhetische Bildung. In: Andrea Bertschi-Kaufmann; Tanja Graber (Hrsg.): Lesekompetenz – Leseleistung – Leseförderung. Grundlagen, Modelle und Materialien. 6. Auflage. Zug: Klett und Balmer, S. 76–87.

Spinner, Kaspar H. (2017): Interpretation (literarischer Texte). In: In: Jürgen Baurmann; Clemens Kammler; Astrid Müller (Hrsg.): Handbuch Deutschunterricht. Theorie und Praxis des Lehrens. Seelze: Kallmeyer u. Klett, S. 193–196.

Spörer, Nadine; Koch, Helvi; Schünemann, Nina; Völlinger, Vanessa A. (2016): Das Lesetraining mit Käpt'n Carlo für 4. und 5. Klassen. Ein Lehrermanual mit Unterrichtsmaterialien zur Förderung des verstehenden und motivierten Lesens. Göttingen: Hogrefe.

Stahns, Ruven (2016): Bildungssprachliche Merkmale von Texten und Items. Zur Operationalisierung des Konstrukts „Bildungssprache". In: Didaktik Deutsch, Jg. 21, H. 41, S. 44–55.

Steinbrenner, Marcus; Wiprächtiger-Geppert, Maja (2010): Verstehen und Nicht-Verstehen im Gespräch. Das Heidelberger Modell des Literarischen Unterrichtsgesprächs. In: leseforum.ch 3 / 2010. www.leseforum.ch/myUploadData/files/2010_3_steinbren ner_wipraechtiger.pdf (Zugriff 15.6.2019).

Volz, Steffen (2005): Literaturerwerb im Bildungskeller. Befunde zur literarischen Sozialisation und zu literarischen Kompetenzen bildungsferner Jugendlicher. Von der Pädagogischen Hochschule Heidelberg zur Erlangung des Grades eines Doktors der Erziehungswissenschaft (Dr. paed.) genehmigte Dissertation. https://d-nb.info/979468574 /34 (Zugriff 15.6.2019).

Weinert, Franz E. (2001) (Hrsg): Leistungsmessungen in Schulen. Weinheim und Basel.

Wieler, Petra (1989): Sprachliches Handeln im Literaturunterricht als didaktisches Problem. Frankfurt/M.: Peter Lang.

Wieser, Dorothee (2017): PISA und Lehrerbildung? Eine literaturdidaktische Sichtung. In: leseforum.ch 3/ 2017. https://www.leseforum.ch/sysModules/obxLeseforum/Arti kel/615/2017_3_Wieser.pdf (Zugriff 15.6.2019).

Wiezorek, Christine (2017): Vermittlungshandeln und Aneignungsprozesse im Literaturunterricht rekonstruktiv erforschen. Ein Kommentar aus erziehungswissenschaftlicher Perspektive. In: Daniel Scherf (Hrsg.): Inszenierungen literalen Lernens: kulturelle Anforderungen und individueller Kompetenzerwerb. Baltmannsweiler: Schneider Hohengehren, S. 126–144.

Winkler; Iris (2017): Potenzial zu kognitiver Aktivierung im Literaturunterricht. Fachspezifische Profilierung eines prominenten Konstrukts der Unterrichtsforschung. In: Didaktik Deutsch, Jg. 22, H. 43, S. 78–97.

Winkler, Iris; Masanek, Nicole; Abraham, Ulf (Hrsg.) (2010): Poetisches Verstehen. Literaturdidaktische Positionen – empirische Forschung – Projekte aus dem Deutschunterricht. Baltmannsweiler: Schneider Hohengehren.

Winko, Simone (2002): Literatur-Kanon als invisible-hand-Phänomen. In: Text und Kritik. Zeitschrift für Literatur. Sonderband Literarische Kanonbildung, S. 9–24.

Witte, Theo (2014): lezenvoordelijst. Online verfübar unter: lezenvoordelijst.www.lezenvoordelijst.nl/&prev=/search%3Fq%3Dlezenvoordelijst.nl%26biw%3D1021%26bih%3D1214 (Zugriff 15.6.2019).

Zabka, Thomas (2006): Typische Operationen literarischen Verstehens. Zu Martin Luther „Vom Raben und Fuchs" (5./6. Schuljahr). In: Kammler, Clemens (Hrsg.): Literarische Kompetenzen – Standards im Literaturunterricht. Modelle für die Primar- und Sekundarstufe. Seelze: Kallmeyer, S. 80–101.

Zabka, Thomas (2015): Konversation oder Interpretation? Überlegungen zum Gespräch im Literaturunterricht. In: Leseräume. Zeitschrift für Literalität in Schule und Forschung. Jg. 2, H. 2, S. 169–187. http://leseräume.de/wp-content/uploads/2015/10/lr-2015-1-zabka.pdf (Zugriff 15.6.2019).

Zabka, Thomas (2020): Gespräche über Literatur. In: Praxis Deutsch. Jg. 48, H. 280, S. 4–11.